thermomix

Liebe Leser:innen,

wir freuen uns sehr, den 50. Geburtstag unseres Thermomix® zu feiern. Zufrieden auf ein halbes Jahrhundert zurückblicken zu können, bedeutet für unser Familienunternehmen einen wichtigen Meilenstein: Ohne das Vertrauen und Engagement unserer starken Community, die sich aus Millionen von Kund:innen, Repräsentant:innen und Mitarbeitenden auf der ganzen Welt zusammensetzt, hätten wir das nicht erreichen können. Sie alle sind Teil dieser Erfolgsgeschichte.

Wir möchten, dass Thermomix® einen echten Unterschied im Leben der Menschen machen kann. Über die letzten 50 Jahre hat Thermomix® damit zur Evolution des Kochens beigetragen. Thermomix® wurde dabei immer wieder an die Bedürfnisse der Menschen, die Gewohnheiten, die Kultur und die jeweiligen Anforderungen angepasst. Wir arbeiten daran, dass unser Thermomix® auch in Zukunft weiterhin unvergessliche Erlebnisse ermöglicht, die die Menschen einander näherbringen!

Auch das Buch, das Sie in den Händen halten, soll für Sie ein Erlebnis sein – eine sehr spezielle limitierte Auflage. Lassen Sie sich von der Kreativität in diesem Buch anstecken. Erfahren Sie mehr über unsere Geschichte, finden Sie heraus, wie ein Rezept entsteht, lassen Sie sich von Storys aus dem echten Leben inspirieren und probieren Sie eine Auswahl der 50 besten Thermomix® Rezepte aus der ganzen Welt aus.

Mit diesem Buch reisen Sie durch die Zeit und bleiben doch bei uns ...
DAMALS, HEUTE und FÜR IMMER.

Mit freundlichen Grüßen

Dr. Thomas Stoffmehl
CSO und Vorstandssprecher Vorwerk SE & Co. KG

VORWERK

Vorwort

Hallo, komm doch rein und fühle dich wie zu Hause. Ich war gerade dabei, einen Kaffee aufzusetzen. Hast du Lust auf die legendäre Geschichte des Thermomix®?

Thermomix® fasziniert seit 50 Jahren. Freue dich auf viele verschiedene Geschichten, tolle Persönlichkeiten und spannende Abenteuer. Du wirst auch einige der Menschen kennen lernen, die bei der Entwicklung des einzigartigen Produkts mitgewirkt haben, wie wir es heute kennen und lieben.

Diese Geschichte ist alles andere als langweilig – sie erzählt von ständiger Veränderung, von Innovationen und Überraschungen. Sie beschreibt die Reise des Thermomix®.

PS: Genau wie bei einem Schichtkuchen braucht es eine schmackhafte und einzigartige Füllung. Speziell für dich haben wir dieses Buch daher mit den 50 besten Thermomix® Rezepten aus der ganzen Welt gefüllt. Worauf wartest du noch? Zeit zum Kochen.

Ganz gleich wie.
70.

Lebensmittel verschwinden meistens in unserem Mund. Aber wie gelangen sie dorthin? Ein Einblick in die Küchen auf der ganzen Welt.

Ständiger Wandel.
146.

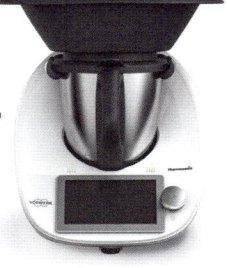

Thermomix® bereichert Haushalte bereits seit 50 Jahren. Uwe Kemker begleitet seine Entwicklung seit über 35 Jahren. Einblicke in seine Arbeit im Spannungsfeld zwischen Veränderung und Kontinuität.

Schwarz und weiß.
34.

Manche Dinge gehören einfach zusammen.

Die Freude am Kochen.
114.

Madalena Sacadura Botte bewirtete schon den Papst und Königin Elisabeth II. Kochen stand schon immer im Mittelpunkt ihres Lebens. Mit ihren fast 105 Lebensjahren voller unerwarteter Wendungen hat sie eine tolle Geschichte zu erzählen.

Wie
ein Rezept
entsteht.
12.

Stell dir die Kreation eines Rezepts wie eine kulinarische Abenteuerreise vor. Eine erste Idee, eine Inspiration, der man folgt. Dann die Vorstellung vom Ergebnis, dem fertigen Rezept, den Zutaten, dem Geschmackserlebnis.

„Schmeckt es?"
50.

Guter Geschmack beginnt mit unseren Sinnen. Schmecken, riechen, sehen, hören und berühren. Richtig gutes Essen verdient es, mit allen Sinnen genossen zu werden.

Der Geschmack
der Jahrzehnte.
10. 82. 134. 156.
180. 212.

Jedes Jahrzehnt hat seinen eigenen Charakter. Und seinen einzigartigen Thermomix®.

50 Jahre
50 Rezepte.

Das Brot
miteinander
teilen.
158.

Das Mischen von Mehl und Wasser mag einfach ein Zufall gewesen sein, durch den Brot entstand. Dabei ist Brot vielleicht das Essen, das uns am meisten verbindet und das wir am einfachsten teilen können.

50 Rezepte.

Rote-Linsen-Bulgur-Suppe. 30.

Spaghetti alla Carbonara. 60.

Bürli mit Roggen. 168.

Hauptgerichte – Fisch und Meeresfrüchte

Hauptgerichte – vegetarisch

Beilagen

Brot und Brötchen

Getränke

Süßes Backen und Desserts

DER GESCHMACK DER
JAHRZEHNTE

70s

In den wilden 70ern geht es heiß her. Es ist das Jahrzehnt der schillernden Extreme, der Hippies, des Discofiebers, der übergroßen Kragen und der Schlaghosen. Auch der VM2000, der 1971 auf den Markt kommt, ist heiß. Da Cremesuppen zu den Lieblingsgerichten der Franzosen gehören, kommt der französische Vertriebsleiter von Vorwerk auf die großartige Idee, den VKM Universalmixer weiterzuentwickeln. Eine Legende betritt die Bühne des Kochens.

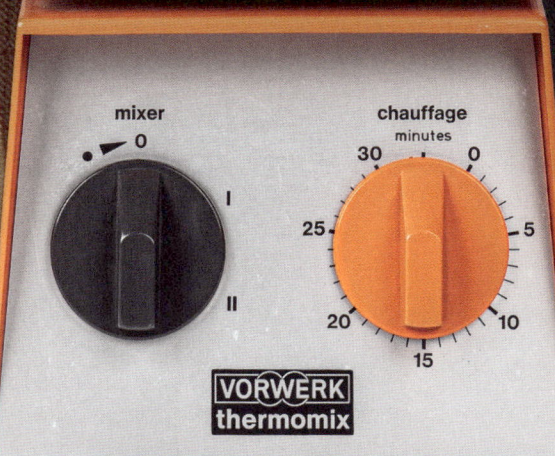

Heiß, Baby, heiß!

1971
VM2000

mixer   chauffage

minutes

VORWERK **thermomix**

Wie ein Rezept entsteht...

Stell dir die Kreation eines Rezepts wie eine kulinarische Abenteuerreise vor. Eine erste Idee, eine Inspiration, der man folgt. Dann die Vorstellung vom Ergebnis, dem fertigen Rezept, den Zutaten, dem Geschmackserlebnis. Erste Versuche, dann testen, kosten und erneut testen – bis es endlich perfekt ist. Das erste Foto wird aufgenommen und mit der Welt geteilt, so wird neugierig gemacht, und dann entsteht auch schon die Lust, es gleich selber auszuprobieren.

Inspiration

Fantasie

Bevor es zu einem Rezept wird, ist es nur eine

Idee, eine vage Vorstellung oder eine Fantasie. Diese ersten Gedanken rund um ein Thema oder ein Lebensmittel sind die ersten Schritte – es folgen noch viele weitere, bevor ein Rezept Gestalt annimmt. Was uns dabei antreibt? Etwas Neues, Innovatives zu kreieren, etwas, das man braucht oder gerne hätte, oder etwas, das den Menschen Freude bringt. Dies sind die Ziele, die uns täglich anspornen. Egal ob es später in einem Buch veröffentlicht, einem Magazin abgedruckt oder einer digitalen Sammlung erscheint.

Was uns inspiriert? Anregungen von Kund:innen, Fans, unserer großen Thermomix® Community und natürlich von unseren zahlreichen Thermomix® Repräsentant:innen. Auch diese liefern immer wieder unzählige Vorschläge. Aber auch neue Trends aus aller Welt, ungewöhnliche Zutaten oder verrückte Ideen – Inspiration kommt bei uns einfach von überall!

Und: Hinter jedem Rezept steckt eine Vorstellung – vielleicht entspringt das Rezept für Pisco Sour auf Seite 178 der Idee einer kulinarischen Reise durch Peru und Chile?

Die Reise beginnt

Nach den ersten Gedanken ist es an der Zeit, die Idee in die Tat umzusetzen. Lasst uns ein Thermomix® Rezept kreieren! Mit einer Idee, einem Thema im Hinterkopf, entstehen dann konkretere Vorstellungen und wir begeben uns auf eine kulinarische Reise. Manchmal reist es sich alleine nicht so gut, dann holen wir uns Begleitung!

Wenn wir ein veganes Rezept kreieren möchten, dann vertiefen wir uns zunächst in das Thema – nicht nur über Zutaten und Alternativen, sondern auch über wichtige Details, die uns helfen können, für unsere Kund:innen das beste Rezept zu entwickeln. Doch das ist natürlich noch nicht alles: Wann immer möglich, besuchen wir Lebensmittelmessen und kulinarische Veranstaltungen, probieren neue oder unbekannte Zutaten, analysieren Trends oder besuchen einfach ein neues Restaurant. Dies kombinieren wir in der Thermomix® Rezeptentwicklung mit Kreativität, Erfahrung und kulinarischem Know-how. Manchmal fließen sogar alte Familienrezepte, die jahrzehntelang als Geheimnis gehütet und wie ein Schatz bewacht wurden, in unsere wunderbaren Rezepte mit ein!

Loslegen

Auf dem Weg zum perfekten Rezept …

Wer unsere Rezeptentwickler:innen kennenlernt, merkt schnell, dass sie eines vereint: Leidenschaft! Leidenschaft fürs Kochen, Essen, Kulinarik und natürlich für Thermomix®!

Auch wenn sie teilweise aus völlig unterschiedlichen Bereichen kommen – einige sind Oecotropholog:innen, andere haben in der Spitzengastronomie gearbeitet, wiederum andere haben einfach ihre größte Leidenschaft zum Beruf gemacht – verfolgen sie immer ein gemeinsames Ziel: das perfekte Rezept! Diese vielen verschiedenen Persönlichkeiten bereichern nicht nur das tägliche Tun, sie machen die Arbeit noch spannender und die Ergebnisse noch aufregender.

Viele unterschiedliche Persönlichkeiten bedeuten aber auch hektisches Treiben, verschiedene Meinungen und ein quirliges Durcheinander – alles wird im Vorfeld sehr leidenschaftlich diskutiert: Was ist besser, eine Quiche oder eine Tortilla? Mit Pilzen oder mit Mais? Gebacken oder gedünstet? Alles kommt ins Spiel: die Jahreszeiten, die verfügbaren Zutaten, die Erleichterungen für Kund:innen durch den Einsatz des Thermomix®, die Garzeit, der Schwierigkeitsgrad und, und, und … Wir betrachten das Rezept, das wir kreieren, aus allen Blickwinkeln. Wir versetzen uns in die Lage der Kund:innen, damit wir ihre Bedürfnisse und Wünsche erfüllen. Nach Auswahl der Rezepte muss überlegt und abgewogen werden, bis schließlich alles zusammenpasst. Die Wände sind vor lauter Zetteln kaum mehr zu sehen, die Rezepte sind endlich ausgewählt.

Kreieren

Schmeckt nicht, gibt's nicht ...

Jetzt ist es an der Zeit, die Rezepte zu entwickeln, sie an die Thermomix® Sprache anzupassen und sie immer und immer wieder zu testen. Mengen-, Zeit-, Geschwindigkeits- und Temperaturangaben werden angepasst und das perfekte Rezept entsteht. Ein wichtiger Schritt bei der Kreation eines Rezepts besteht darin, es letztendlich in ein Rezept mit genauem Zubereitungstext umzuwandeln. Denn nur anhand dieser speziellen „Kochanleitungs-Sprache" können Kund:innen das Rezept Schritt für Schritt auf dem Display ihres Thermomix® verfolgen und mithilfe genauer Anweisungen nachkochen. Eine der schönsten Phasen der gesamten Rezeptentwicklung ist die Verkostung. Jedes Rezept muss natürlich probiert werden und das ist sicherlich keine Aufgabe für nur einen einzigen Gaumen. Das Rezeptentwicklungsteam trifft sich regelmäßig zu Verkostungen und alle geben ihr Feedback ab. Danach werden Verbesserungen und Anpassungen vorgenommen und es wird natürlich wieder getestet. Dies wird auch manchmal beliebig oft wiederholt, denn das Ziel ist ja immer ein Rezept, welches die Kriterien für das Gütesiegel von Thermomix® erfüllt. Was glaubst du: Sind die Knoblauch-Kartoffel-Puffer (siehe Rezept auf Seite 136) beim ersten Mal gelungen? Vielleicht hat die verwendete Kartoffelsorte nicht für die richtige Konsistenz gesorgt? In diesem Fall muss natürlich eine andere Kartoffelsorte ausgewählt und ein neuer Versuch gestartet werden. Endlich ist es fertig – das perfekte Rezept mit Gelinggarantie! Zumindest auf dem „Papier" – aber bis es der Öffentlichkeit präsentiert wird, folgen noch weitere Schritte!

Erstes Foto

Damit einem bei einer neuen Rezeptidee auch so richtig Appetit gemacht wird, muss es noch richtig lecker fotografiert werden. Jetzt kommen neben dem eigentlichen Rezept auch der geeignete Hintergrund und passende Requisiten mit ins Spiel, diese sollten natürlich zum Rezept und zur Jahreszeit passen. In dieser Phase übernehmen der oder die Fotograf:in, Food-Stylist:in und Requisiten-Stylist:in das Zepter – allesamt „Künstler:innen der Küche", die das Rezept noch schöner und schmackhafter präsentieren wollen. Details wie Beleuchtung, Blickwinkel, Hintergrund, das Besteck, ein Blumenstrauß, aromatische Kräuter oder die passende Serviette – alles trägt dazu bei, dass einem bereits beim Anblick das Wasser im Munde zusammenläuft. Sieh dir das Rezept Victoria-Sponge-Cake auf Seite 184 an, sieht es nicht köstlich aus?

Sichtbar für alle

Jetzt kann unser Rezept endlich der großen Thermomix® Familie präsentiert werden. Es muss nur noch für die verschiedenen Formate vorbereitet werden – je nachdem, ob es in einem Buch oder Magazin gedruckt oder in digitaler Fassung auf dem Rezept-Portal Cookidoo® veröffentlicht werden soll.

Ab in die Küchen der Welt

Jetzt ist das Rezept für alle sichtbar und wird hoffentlich in vielen Küchen nachgekocht. Am liebsten natürlich mit vielen „Ahs" und „Ohs" und glücklichen, satten und zufriedenen Gesichtern!

Ja-da!

50

Jahre

50

Rezepte

TAIWANESISCHE
Fleischpaste (Rousong)

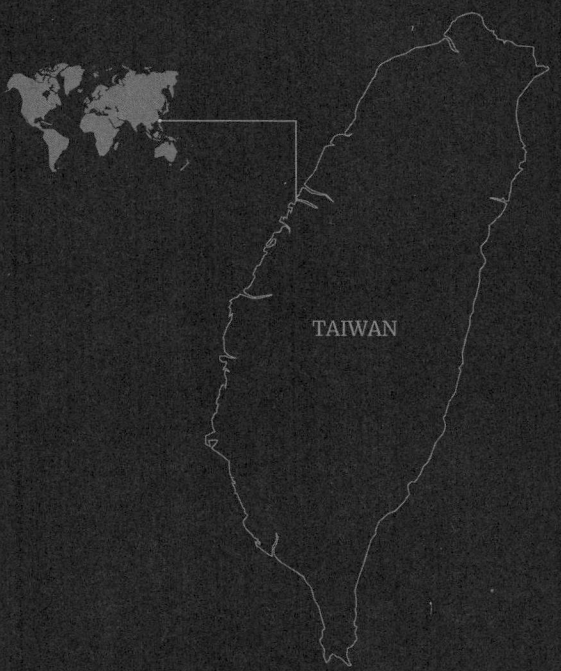

TAIWAN

10 MIN.

1 STD. 30 MIN.

EINFACH

1 SCHRAUBGLAS
(CA. 180 G)

PRO
SCHRAUBGLAS

ENERGIEWERTE 3051 KJ/730 KCAL,
EIWEISS 67 G,
KOHLENHYDRATE 48 G,
FETT 26 G

ZUTATEN

- 300 g Schweinefilet,
  in Stücken (ca. 3 cm)
- 10 g Öl
- 40 g Sojasauce
- 40 g Zucker
- 20 g Reiswein
- 150 g Wasser

NÜTZLICHES ZUBEHÖR

Schraubglas (ca. 180 g)

ZUBEREITUNG

1 Schweinefilet, Öl und Sojasauce in den Mixtopf geben und **5 Min./100°C/⟲/Stufe ⟍** dünsten.

2 Zucker, Reiswein und Wasser zugeben und **30 Min./Varoma/⟲/Stufe ⟍** einkochen, dann **5 Sek./Stufe 4** zerkleinern und mit dem Spatel nach unten schieben.

3 Anstelle des Messbechers Gareinsatz als Spritzschutz auf den Mixtopfdeckel stellen, **40 Min./Varoma/Stufe 1** einkochen, in ein heiß ausgespültes Schraubglas umfüllen, sofort verschließen, abkühlen lassen und nach Bedarf verwenden (siehe Tipp).

TIPP
Verwende die Paste
z. B. als Topping für
Reis oder Brei oder als
Füllung für Sandwiches
und Brötchen.

PILZ-
Kartoffel-
SUPPE

10 MIN. 25 MIN.

EINFACH 4 PORTIONEN

PRO PORTION ENERGIEWERTE 737 KJ/176 KCAL,
EIWEISS 4 G,
KOHLENHYDRATE 20 G,
FETT 9 G

TSCHECHIEN

ZUTATEN

- 50 g Knollensellerie,
  in Stücken
- 50 g Möhren, in Stücken
- 50 g Zwiebeln, halbiert
- 2 Knoblauchzehen
- 40 g Butter, in Stücken
- 1200 g Wasser
- 400 g Kartoffeln
  festkochend,
  in mundgerechten
  Stücken
- 20 g getrocknete
  Steinpilze
- 1 TL Majoran, getrocknet
- 1 TL Salz
- ¼ TL Pfeffer
- 1 geh. TL Gewürzpaste
  für Gemüsebrühe, selbst
  gemacht, oder 1 Würfel
  Gemüsebrühe (für 0,5 l)

ZUBEREITUNG

1 —— Sellerie, Möhren, Zwiebeln und Knoblauch in den Mixtopf geben, **5 Sek./Stufe 5** zerkleinern und mit dem Spatel nach unten schieben.

2 —— Butter zugeben und **5 Min./120°C/Stufe 2** dünsten.

3 —— Wasser, Kartoffeln, getrocknete Pilze, Majoran, Salz, Pfeffer und Gewürzpaste zugeben, **17–22 Min./100°C/Stufe 1** garen, abschmecken und sofort servieren.

Gewürzgurken-Suppe (RASSOLNIK)

HINTERGRUND-INFORMATION

Zu Sowjetzeiten war Rassolnik ein Klassiker und ein sehr beliebtes Rezept. Das Rezept soll in Leningrad, dem heutigen Sankt Petersburg, erfunden worden sein.

20 MIN.

1 STD. 20 MIN.

KASACHSTAN

MITTEL

6 PORTIONEN

PRO PORTION

ENERGIEWERTE 1137 KJ/272 KCAL,
EIWEISS 13 G,
KOHLENHYDRATE 18 G,
FETT 19 G

Variante

*Anstelle von Hühnerherzen können
auch Hühnermägen verwendet
werden, dafür die Mägen in
kleine Stücke schneiden und im
4. Schritt zugeben.*

ZUTATEN

- 200 g Gewürzgurken,
  in Stücken
- 100 g Möhren, in Stücken
- 100 g Zwiebeln, halbiert
- 30 g Öl
- 70 g Tomatenmark
- 300 g Hühnerherzen
- 30 g Perlgraupen
- 1000 g Geflügelfond oder
  Wasser
- ½ TL Salz
- 300 g Kartoffeln,
  in Würfeln (1 cm)
- 10 Pfefferkörner, schwarz
- 1 Lorbeerblatt, getrocknet
- 10 g Dill oder Petersilie,
  abgezupft, zum Servieren
- 60 g Saure Sahne zum
  Servieren

ZUBEREITUNG

1 ———— Gurken in den Mixtopf geben, **3 Sek./Stufe 5** zerkleinern und umfüllen.

2 ———— Möhren, Zwiebeln und Öl in den Mixtopf geben und **3 Sek./Stufe 5** zerkleinern.

3 ———— Tomatenmark zugeben, ohne Messbecher **7 Min./120°C/Stufe 1** dünsten und zu den zerkleinerten Gurken geben.

4 ———— Hühnerherzen, Perlgraupen, Geflügelfond und Salz in den Mixtopf geben und **35 Min./100°C/ /Stufe 1** garen.

5 ———— Kartoffeln zugeben und **5 Min./100°C/ /Stufe** garen.

6 ———— Zerkleinertes Gemüse, Pfeffer und Lorbeerblatt zugeben, **10 Min./100°C/ /Stufe** garen, Lorbeerblatt und Pfefferkörner entfernen, abschmecken, mit Dill und Saurer Sahne garnieren und servieren.

15 MIN.

35 MIN.

EINFACH

4 PORTIONEN

PRO PORTION

ENERGIEWERTE 697 KJ/166 KCAL,
EIWEISS 5 G,
KOHLENHYDRATE 12 G,
FETT 10 G

KANADA

ZUTATEN

- 15 g Öl
- 15 g Ingwer, frisch,
  in dünnen Scheiben
- 400 g Butternuss-Kürbis,
  in mundgerechten Stücken
- 100 g Kartoffeln,
  in mundgerechten Stücken
- 60 g Cashewkerne,
  ungeröstet
- ½ TL Salz
- 2 Prisen weißer Pfeffer
- 700–750 g Wasser,
  nach Geschmack

ZUBEREITUNG

1 ⎯⎯⎯ Öl und Ingwer in den Mixtopf geben und **5 Sek./Stufe 5** zerkleinern, dann **3 Min./120°C/Stufe 1** dünsten.

2 ⎯⎯⎯ Kürbis, Kartoffeln, Cashewkerne, Salz, Pfeffer und Wasser zugeben und **15 Min./100°C/Stufe 1** garen, dann **1 Min./Stufe 5-9 schrittweise ansteigend** pürieren, abschmecken und servieren.

✳ TIPPS

· *Wähle einen reifen Kürbis für einen aromatischeren und süßeren Geschmack.*
· *Für eine dünnere Suppe füge 140 g Wasser zu und püriere die Suppe 20 Sek./Stufe 7.*

BUTTERNUSS-
KÜRBIS-
Ingwer-Suppe

ROTE-LINSEN-
Bulgur-Suppe

10 MIN. 1 STD. 10 MIN.

EINFACH   4 PORTIONEN

PRO PORTION   ENERGIEWERTE 1660 KJ/397 KCAL,
EIWEISS 15 G,
KOHLENHYDRATE 38 G,
FETT 7 G

TÜRKEI

ZUTATEN

- 100 g Zwiebeln, halbiert
- 2–3 Knoblauchzehen,
  nach Geschmack
- 40 g Tomate, reif,
  in Stücken (1 cm)
- 30 g Butter, in Stücken
- 200 g rote Linsen,
  getrocknet
- 2 EL Minze, getrocknet
- 30 g Reis
- 20 g Bulgur
- 1½–1¾ TL Salz,
  nach Geschmack
- ¼ TL Pfeffer
- ¼ TL Chiliflocken
- 1470 g Wasser,
  zimmerwarm
- 1 Zitrone, geviertelt

ZUBEREITUNG

1 Zwiebeln und Knoblauch in den Mixtopf geben, **5 Sek./Stufe 5** zerkleinern und mit dem Spatel nach unten schieben.

2 Tomate und Butter zugeben und **4 Min./120°C/Stufe 1** dünsten.

3 Linsen, Minze, Reis, Bulgur, Salz, Pfeffer, Chiliflocken und Wasser zugeben und **50 Min./105°C/Stufe 1** garen. Suppe abschmecken, auf 4 tiefen Tellern verteilen und mit Zitronenvierteln servieren.

GRAUPENSUPPE
mit Bündner-fleisch

SCHWEIZ

20 MIN.

1 STD. 15 MIN.

EINFACH

4 PORTIONEN

PRO PORTION

ENERGIEWERTE 1137 KJ/273 KCAL,
EIWEISS 9 G,
KOHLENHYDRATE 19 G,
FETT 17 G

ZUTATEN

- 80 g Zwiebeln, halbiert
- 60 g Möhre, in Stücken (3 cm)
- 100 g Porree, in Ringen (2 cm)
- 100 g Knollensellerie, in Stücken (3 cm)
- 100 g Bündnerfleisch, in Streifen (2 cm)
- 30 g Butter
- 80 g Perlgraupen
- 900 g Wasser
- 2 geh. TL Gewürzpaste für Gemüsebrühe, selbst gemacht, oder 2 Würfel Gemüsebrühe (für je 0,5 l)
- 100 g Sahne
- 1 Prise Salz
- 1 Prise Pfeffer
- ½ Bund glatte Petersilie, abgezupft, gehackt

ZUBEREITUNG

1   Zwiebeln, Möhre, Porree, Sellerie und Bündnerfleisch in den Mixtopf geben, **5 Sek./Stufe 5** zerkleinern und mit dem Spatel nach unten schieben.

2   Butter zugeben und **3 Min./120°C/ /Stufe 2** dünsten.

3   Graupen durch die Mixtopfdeckelöffnung zugeben und **2 Min./120°C/ /Stufe 2** dünsten.

4   Wasser und Gewürzpaste zugeben und **45 Min./100°C/ /Stufe** garen.

5   Sahne, Salz und Pfeffer zugeben und **3 Min./100°C/ /Stufe** garen. Suppe abschmecken, auf 4 tiefen Tellern verteilen, mit Petersilie bestreuen und servieren.

HINTERGRUND-INFORMATION

Bündnerfleisch ist eine luftgetrocknete Rindfleischspezialität aus der Schweiz. Auch bekannt als Bindenfleisch oder Viande des Grisons, wird es im Kanton Graubünden hergestellt.

Schwarz

Salzminen von Maras, Peru

EIN ZEITLOSER KLASSIKER: SCHWARZ UND WEISS

Pfefferkorn-Makroaufnahme, USA

Was wäre Chanel ohne die Farben Schwarz und Weiß? Oder Karl Lagerfeld? Oder der berühmte Fotograf Helmut Newton? Schwarz und Weiß haben in der Mode und Kunst schon immer eine zentrale Rolle gespielt. Das Hahnentrittmuster, der Frack, das „kleine Schwarze" oder das opulente Brautkleid. Beide Farben haben Ikonen geschaffen.

Pinguine, Zebras, Dalmatiner, Dachse oder Elstern – auch in der Tierwelt erfreut sich Schwarz-Weiß großer Beliebtheit. Apropos Beliebtheit: Wie würden Fans George Clooneys Haare beschreiben? Gräulich? Schwarz-weiß? Nein, Salz und Pfeffer.

Schwarz-weiß. Fein gemahlen oder grobkörnig. Aus dem Meer oder vom Land. Salz und Pfeffer blicken in den Küchen dieser Welt auf eine lange Tradition zurück. Sie sind weltberühmt, weit gereist, alt und modern zugleich und ein unschlagbares Paar.

Und beide haben eine ähnliche Geschichte. Alexander der Große brachte erstmals Gewürze aus Indien nach Europa. Aufgrund des langen Transportwegs war Pfeffer damals sehr teuer und wurde sogar als Zahlungsmittel verwendet. Heutzutage findet man Pfeffer gemahlen oder in ganzen Körnern in jedem Küchenschrank. Salz hatte eine ähnliche Entwicklung. Bis zum Zeitalter der Industrialisierung war Salz das „weiße Gold". Selbst fortgeschrittene Zivilisationen, wie die Ägypter, wussten, wie man Salz verwendet. Sie verwendeten es, um ihre Nahrung zu konservieren. Heute kennen die meisten Menschen die konservierenden

Eigenschaften von Salz nur von geräuchertem Fleisch oder aus der Speisekammer ihrer Urgroßmutter. Salz, einst ein Luxusprodukt, wurde erst im 19. Jahrhundert zu einem Massenprodukt.

Es gibt viele verschiedene Arten. Angefangen bei Meersalz über Himalayasalz bis hin zu Jodsalz. Schwarzer Pfeffer, langer Pfeffer, auch Stangenpfeffer genannt, grüner oder rosafarbener Pfeffer. Hinzu kommen verschiedene Aufbewahrungsmöglichkeiten: in einem Fass, in einem Streuer, in einer Mühle. Sie sind ein unschlagbares Paar. Salz und Pfeffer gehören einfach zusammen.

So wie Batman und Robin, John Lennon und Yoko Ono, Ernie und Bert. In erster Linie sind sie als Paar bekannt. Jeder von ihnen hat eine eigene Geschichte, doch vor allem zusammen sind sie etwas ganz Besonderes.

Doch halt ...

Schwarz und Weiß, Salz und Pfeffer. Das mögen die Klassiker sein, aber wie düster wäre eine schwarz-weiße Welt? Wer schon einmal über einen orientalischen Gewürzmarkt geschlendert ist, wird die Farbenpracht nie vergessen. Klassiker wie Salz und Pfeffer gehören weltweit zusammen. Aber wir können nicht ohne Farbe auskommen. Wir brauchen Chili, Paprika, Curry oder Kurkuma. Sie bringen Farbe in unser kulinarisches Leben.

... WOW!

Bringe mehr Würze in dein Leben!

SCHINKEN-ZIEGENKÄSE
Kroketten

45 MIN.

9 STD. 20 MIN.

MITTEL

40 STÜCK

ENERGIEWERTE 514 KJ/123 KCAL,
EIWEISS 4 G,
KOHLENHYDRATE 1 G,
FETT 8 G

PRO STÜCK

SPANIEN

ZUTATEN

- 150 g geräucherter Schinken (z. B. Cecina de León), in Stücken
- 20 g Olivenöl
- 60 g Butter, in Stücken
- 40 g Zwiebel, geachtelt
- 160 g Mehl
- 800 g Milch
- ½ TL Salz
- 150 g Ziegenkäse, in Stücken
- 300–400 g Paniermehl
- 2–3 Eier
- 500–600 g Öl zum Braten

NÜTZLICHES ZUBEHÖR

Spritzbeutel, Pfanne, Schaumkelle, Küchenrolle

ZUBEREITUNG

1 Schinken in den Mixtopf geben, **Turbo/1 Sek./4 mal** zerkleinern und umfüllen.

2 Öl, Butter und Zwiebel in den Mixtopf geben und **6 Min./120°C/Stufe 3.5** dünsten.

3 Mehl zugeben und **4 Min./120°C/Stufe 3** dünsten.

4 Milch und Salz zugeben und **10 Sek./Stufe 6** vermischen.

5 2 EL zerkleinerten Schinken zugeben und **11 Min./100°C/Stufe 4** garen, dabei 2 Minuten vor Ende der Garzeit Ziegenkäse durch die Mixtopfdeckelöffnung auf das laufende Messer zugeben.

6 Restlichen zerkleinerten Schinken zugeben und mit dem Spatel gut vermischen. Teig in einen Spritzbeutel füllen, ca. 30 Minuten abkühlen lassen und mindestens 8 Stunden, am besten über Nacht, in den Kühlschrank legen.

Fortsetzung auf der nächsten Seite …

HINTERGRUND-INFORMATIONEN

Cecina ist ein gesalzener und luftgetrockneter Fleisch-Aufschnitt aus Spanien. Anders als bei herkömmlichem Schinken aus Schweinefleisch, wird Cecina aus Rindfleisch hergestellt. Manchmal wird auch Fleisch von Ziegen, Pferden oder Kaninchen verwendet.

In Spanien ist die bekannteste die Rinder-Cecina aus León, die seit 1994 die Denominación de Origen Protegida (DOP) „Cecina de León" trägt.

SCHINKEN-ZIEGENKÄSE
Kroketten
(Fortsetzung)

ZUBEREITUNG

7 ⸺ Paniermehl in eine tiefe Schüssel geben und Eier in einer zweiten Schüssel verquirlen. Die Spitze des Spritzbeutels so abschneiden, dass eine Öffnung von ca. 2–3 cm Ø entsteht. Teig ausspritzen und in Kroketten (ca. 4–5 cm lang) schneiden. Kroketten in Paniermehl, dann in verquirltem Ei und wieder in Paniermehl wälzen. Den Vorgang mit dem restlichen Kroketten-Teig wiederholen.

8 ⸺ Öl in einer kleinen Pfanne auf dem Herd erhitzen, die Kroketten frittieren, auf Küchenrolle abtropfen lassen und heiß servieren.

KÄSE-Speck-TORTILLA

Rezeptvideo ansehen:

25 MIN.   50 MIN.

MITTEL   10 PORTIONEN

ENERGIEWERTE 1360 KJ/325 KCAL,
EIWEISS 13 G,
KOHLENHYDRATE 11 G,
FETT 25 G
PRO PORTION

SPANIEN

ZUTATEN

- 600 g Kartoffeln,
  in Stücken (5 cm)
- 700 g Wasser
- 200 g Zwiebeln, geviertelt
- 300 g Olivenöl
- 8 Eier
- 15 g Backpulver
- 1 TL Salz
- 1 Knoblauchzehe,
  in kleinen Stücken
  (2–3 mm)
- 100–120 g
  Schinkenspeckwürfel,
  nach Geschmack
- 150 g Mozzarella,
  gerieben

NÜTZLICHES ZUBEHÖR

Bratpfanne

ZUBEREITUNG

1   Kartoffeln und Wasser in den Mixtopf geben, **2 Sek./Stufe 5** zerkleinern, in den Gareinsatz geben und abtropfen lassen..

2   Zwiebeln in den Mixtopf geben, **2 Sek./Stufe 5** zerkleinern und mit dem Spatel nach unten schieben.

3   Öl zugeben und **8 Min./120°C/ ⟳ /Stufe 1** dünsten.

4   **Rühraufsatz einsetzen**, abgetropfte Kartoffeln zugeben und **16 Min./100°C/ ⟳ /Stufe ⟍** garen. **Rühraufsatz entfernen.** Kartoffeln wieder in den Gareinsatz geben, dabei das Öl in einer Schüssel auffangen.

5   Eier, Backpulver und Salz in den Mixtopf geben, **10 Sek./Stufe 3** verrühren, zu den Kartoffeln geben und mit dem Spatel vermischen.

6   2–3 EL aufgefangenes Öl in einer Pfanne auf dem Herd erhitzen, Knoblauch und Speck anbraten und umfüllen.

7   Die Hälfte der Kartoffel-Ei-Mischung in die Pfanne geben, Knoblauch-Speck-Mischung und Mozzarella darauf verteilen und mit der restlichen Kartoffel-Ei-Mischung bedecken. Eiermischung stocken lassen, von beiden Seiten anbraten (siehe Tipp) und warm servieren.

TIPP
Wende die Tortilla in der Pfanne mithilfe eines Deckels oder Tellers.

5 MIN.

5 MIN.

EINFACH

6 PORTIONEN

PRO PORTION

ENERGIEWERTE 461 KJ/110 KCAL,
EIWEISS 4 G,
KOHLENHYDRATE 8 G,
FETT 7 G

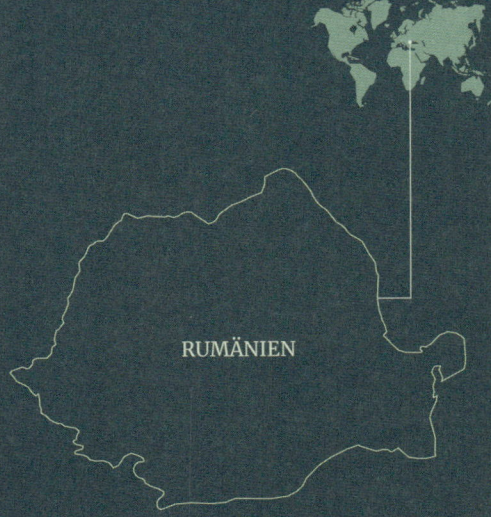
RUMÄNIEN

ZUTATEN

- 300 g Brokkoli,
  in Röschen
- 1 rote oder gelbe
  Paprika, in Stücken
- 1 Apfel, groß, in Stücken
- 30 g Pinienkerne oder
  Sonnenblumenkerne
- 25 g Olivenöl
- 15 g Obstessig oder
  Balsamico, hell
- 1 TL Honig
- 1½ TL Senf
- 1 TL Salz oder
  Kräutersalz
- ½ TL Pfeffer

ZUBEREITUNG

1 ———— Brokkoli, Paprika, Apfel, Pinienkerne, Öl, Essig, Honig, Senf, Salz und Pfeffer in den Mixtopf geben, **5 Sek./Stufe 4** zerkleinern, umfüllen und servieren.

Variante
*Du kannst anstelle von Pinienkernen
oder Sonnenblumenkernen
auch verschiedene Nüsse verwenden
(z. B. Erdnüsse oder Cashews).*

BROKKOLISALAT
mit
PINIENKERNEN

45 MIN.

1 STD. 50 MIN.

MITTEL

8 PORTIONEN

PRO PORTION

ENERGIEWERTE 1362 KJ/325 KCAL,
EIWEISS 19 G,
KOHLENHYDRATE 12 G,
FETT 23 G

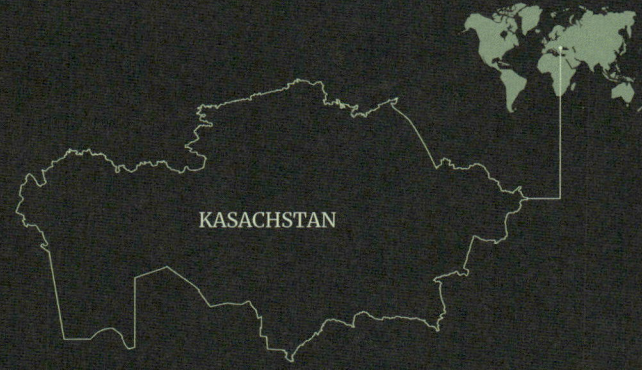

KASACHSTAN

ZUTATEN

Leberpfannkuchen
- 600 g Geflügelleber,
  in Stücken
- 2 Eier
- 50 g Mehl
- ½ TL Salz
- ¼ TL Pfeffer
- 30 g Öl zum Braten

**Füllung und
Fertigstellung**
- 160 g Zwiebeln, halbiert
- 100 g Möhren,
  in Stücken
- 3 Knoblauchzehen
- 40 g Öl
- 85 g Ketchup
- 120 g Mayonnaise
  (siehe Tipp)
- 10 g Dill oder frische
  Kräuter, gemischt,
  gehackt
- 50 g grüne Paprika,
  in Würfeln (5 mm)
- 50 g rote Paprika,
  in Würfeln (5 mm)

NÜTZLICHES ZUBEHÖR

beschichtete Pfanne
(Ø 22 cm),
kleine Schöpfkelle

ZUBEREITUNG

1 — Leberpfannkuchen
Leber in den Mixtopf geben, **10 Sek./Stufe 8** zerkleinern und mit dem Spatel nach unten schieben.

2
Eier, Mehl, Salz und Pfeffer zugeben und **20 Sek./Stufe 3-5 schrittweise ansteigend** vermischen.

3
Öl in einer beschichteten Pfanne (Ø 22 cm) auf dem Herd bei mittlerer Hitze erhitzen, eine Kelle Teig hineingießen und Pfannkuchen von beiden Seiten braten. Mit dem restlichen Teig genauso verfahren und Mixtopf spülen.

4 — Füllung und Fertigstellung
Zwiebeln, Möhren, Knoblauch und Öl in den Mixtopf geben und **5 Sek./Stufe 5** zerkleinern, dann ohne Messbecher **10 Min./120°C/Stufe 2** dünsten und auf 60°C Ist-Temperaturanzeige abkühlen lassen.

5
Ketchup und 100 g Mayonnaise zugeben und **10 Sek./Stufe 3** vermischen.

6
Einen Leberpfannkuchen auf einen Teller legen, gleichmäßig mit etwas Füllung bestreichen, mit einem zweiten Pfannkuchen bedecken und diesen Vorgang wiederholen, bis alle Pfannkuchen und die Füllung aufgebraucht sind. Die Oberfläche des letzten Pfannkuchens mit 20 g Mayonnaise bestreichen, mit gehacktem Dill und Paprikawürfeln garnieren und servieren.

Variante
Du kannst die Mehlsorte beliebig
variieren. Verwende z. B.
Roggenmehl, Dinkelmehl oder
Haferflocken, ganz nach deinem
Geschmack.

TIPP

Ein Rezept für Mayonnaise findest du auf Cookidoo®.

HINTERGRUND-INFORMATION

Gemüse-Leber-Torte ist eine Art ungesüßter Snack-Kuchen, der in der osteuropäischen und skandinavischen Küche sehr verbreitet ist.

GEMÜSE-LEBER-Torte

„Schmeckt es?"

Guter Geschmack beginnt mit unseren Sinnen. Schmecken, riechen, sehen, hören und berühren. Richtig gutes Essen verdient es, mit allen Sinnen genossen zu werden.

Wie Geschmack entsteht

Der erste Kontakt

Unsere Nase. Noch bevor unser Gaumen etwas schmecken kann, hat unsere Nase bereits den Geruch aufgenommen. Betörend bedeutet lecker? Ein klares Ja. Und auch das Gegenteil trifft zu: Was wir nicht gut riechen können, können wir meistens auch nicht schmecken. Die Nase wacht sozusagen über den guten Geschmack. Und das aus gutem Grund. Unsere Nase möchte uns vor unangenehmen Dingen warnen.

Augen aufs Essen

Wir essen auch mit unseren Augen. Eine Mahlzeit in appetitlicher Form anzurichten, macht sie grundsätzlich verlockender und bereitet mehr Vergnügen beim Essen. Denn wenn uns gefällt, wie das Essen auf unserem Teller aussieht, schmeckt es besser. Machen wir ein kleines Experiment: Serviere dasselbe Gericht auf zwei Tellern – auf einem so, als wäre es von einem Chefkoch zubereitet worden, und auf dem anderen so, als wäre es in einer Kantine ausgegeben worden. Bemerkst du den Unterschied?

Hören, wie es schmeckt

Es versteht sich von selbst, dass Nase und Augen fester Bestandteil jeder Mahlzeit sind. Aber was ist mit unseren Ohren? Wenn wir uns die Zeit nehmen, bewusst und ruhig zu essen, können wir die kulinarischen Köstlichkeiten auch hören. Das Knacken der Karamellkruste einer Crème brûlée weckt zum Beispiel sofort unseren Appetit auf mehr.

Auf Tuchfühlung

Essen kann auch haptisch wahrgenommen werden – wir können es fühlen, wenn wir uns die Freiheit dazu nehmen. In vielen Kulturen ist es ganz normal, mit den Fingern zu essen. Oder denke an kleine Kinder, die nach der Entwöhnung von der Muttermilch beginnen, Essen mit ihren Fingern zu erkunden. Zuerst untersuchen – oder besser gesagt, zerdrücken – sie alles zwischen ihrem Daumen und Zeigefinger. Und alle Eltern kennen das: Eigentlich müsste die Küche renoviert werden, nachdem der Nachwuchs seine erste feste Mahlzeit zu sich genommen hat. Aber es ist trotzdem spannend, weil Lebensmittel dabei ganz anders erlebt werden.

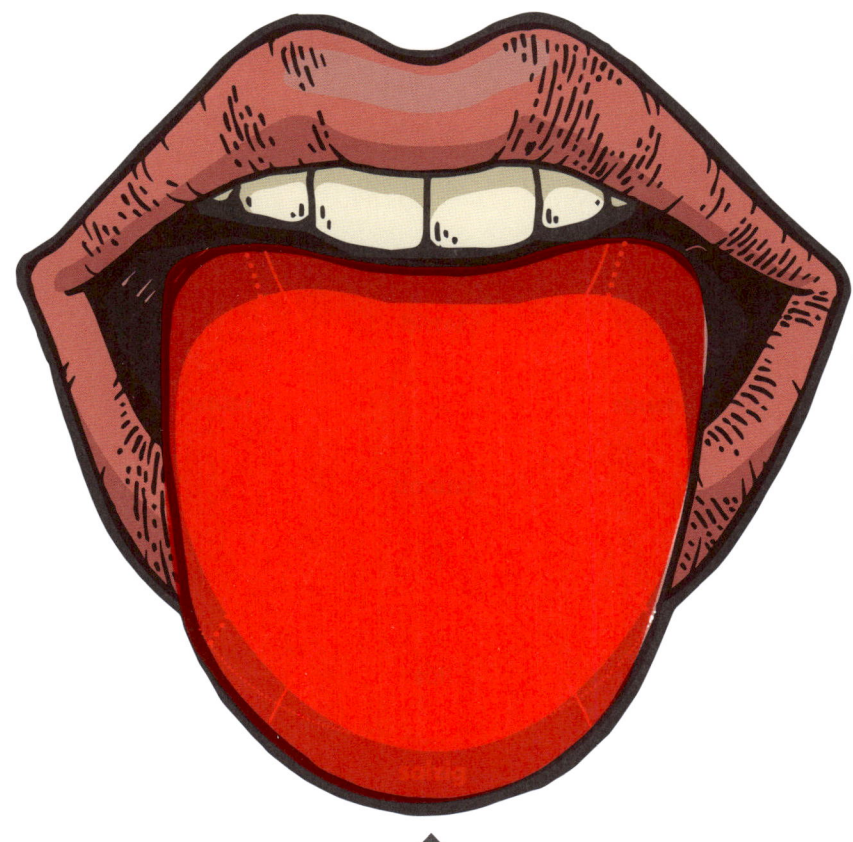

Wo Geschmack entsteht
Die Zunge reiben

Zunge im Rampenlicht

Wir haben Essen gerochen, gesehen und gefühlt. Aber wie schmecken wir es
eigentlich? Diese Aufgabe übernimmt unsere Zunge – eine Meisterin des guten
Geschmacks. Denn sobald sich Essen im Mund befindet, kann die Zunge zwischen
den Geschmacksrichtungen sauer, salzig, bitter, süß und umami unterscheiden.
Die Zunge ist ein sensibles Instrument, das die verschiedenen Geschmacksrichtungen in unterschiedlichen Arealen registriert und dann dem Gehirn meldet,
was es geschmeckt hat. Unsere Sinne sind unsere Antenne in die Außenwelt.
Essen steht für das perfekte Zusammenspiel zwischen diesen Sinnen. Wir genießen
Essen nicht nur mit allen unseren Sinnen, sondern auch mit dem Herz, der Seele
und dem Magen – und immer mit ganz viel Liebe.

RISOTTO MIT frischen STEINPILZEN

ITALIEN

10 MIN.

35 MIN.

EINFACH

4 PORTIONEN

PRO PORTION

ENERGIEWERTE 1861 KJ/444 KCAL,
EIWEISS 8 G,
KOHLENHYDRATE 70 G,
FETT 14 G

ZUTATEN

- 1 Bund Petersilie,
  abgezupft
- 30 g Schalotte, halbiert
- 300 g Steinpilze, frisch,
  in Stücken, oder 40 g
  getrocknete Steinpilze,
  in Wasser eingeweicht
  und abgetropft
- 30 g Olivenöl
- 320 g Risottoreis (z. B.
  Carnaroli oder Arborio),
  14 Minuten Garzeit
- 60 g Weißwein, trocken
- 800 g Wasser
- 1 geh. TL Gewürzpaste
  für Gemüsebrühe, selbst
  gemacht, oder 1 TL Salz
- 30 g Butter, in Stücken

ZUBEREITUNG

1 Petersilie in den Mixtopf geben, **3 Sek./Stufe 7** zerkleinern und umfüllen.

2 Schalotte in den Mixtopf geben, **3 Sek./Stufe 6** zerkleinern und mit dem Spatel nach unten schieben.

3 Steinpilze und Öl zugeben und **3 Min./120°C/Stufe 1** dünsten.

4 Risottoreis zugeben und ohne Messbecher **3 Min./120°C/ ☁/Stufe 1** dünsten.

5 Weißwein zugeben und ohne Messbecher **1 Min./100°C/ ☁/Stufe 1** ablöschen.

6 Wasser und Gewürzpaste zugeben, mit dem Spatel einmal über den Mixtopfboden rühren, um den Reis zu lösen, anstelle des Messbechers Gareinsatz als Spritzschutz auf den Mixtopfdeckel stellen und **14 Min./100°C/ ☁/Stufe 1** garen.

7 Risotto 1 Minute im Mixtopf ruhen lassen, Butter mit dem Spatel unterrühren, mit zerkleinerter Petersilie garnieren und sofort servieren.

SPAGHET
alla
CARBONA

ITALIEN

10 MIN.

30 MIN.

EINFACH

4 PORTIONEN

PRO PORTION

ENERGIEWERTE: 2999 KJ/717 KCAL,
EIWEISS 24 G,
KOHLENHYDRATE 64 G,
FETT 42 G

Fortsetzung auf der nächsten Seite …

✱ TIPPS

· Beachte, dass das Rezept leicht
  erhitztes Ei beinhaltet. Verwende
  daher möglichst frische Eier.
· Du kannst auch Guanciale verwenden.
  Guanciale ist ein italienisches
  gepökeltes Fleischprodukt, das aus
  Schweinebäckchen hergestellt wird.

Apfel-Käse-
MAKKARONI

Makkaroni
- 100 g Gruyère,
  in Stücken (ca. 3 cm)
- 400 g Kartoffeln,
  festkochend,
  in Würfeln (1 cm)
- 450 g Wasser
- 300 g Sahne
- 1 TL Salz
- ¼ TL Pfeffer
- 500 g Äpfel,
  in Stücken (2 cm)
- 250 g Makkaroni
- 40 g Mehl
- 160 g Zwiebeln,
  in feinen Ringen
- 30 g Butter

Apfelmus
- 25 g Zitronensaft
- 20–40 g Zucker, nach
  Geschmack

beschichtete Pfanne

ZUBEREITUNG

1 **Makkaroni**

Gruyère in den Mixtopf geben, **6 Sek./Stufe 10** zerkleinern und umfüllen.

2 Kartoffeln, Wasser, Sahne, Salz und Pfeffer in den Mixtopf geben, Varoma-Behälter aufsetzen, Äpfel einwiegen, Varoma verschließen und **12 Min./Varoma/ ⟳ /Stufe ⚬** garen.

3 Varoma absetzen, Nudeln durch die Mixtopfdeckelöffnung zugeben, Varoma wieder aufsetzen und **Zeit gemäß Packungsangabe/Varoma/ ⟳ /Stufe ⚬** garen. In dieser Zeit Mehl in einen tiefen Teller geben und Zwiebeln darin schwenken. Butter in einer beschichteten Pfanne auf dem Herd erhitzen und die bemehlten Zwiebelringe bei mittlerer Hitze 5 Minuten knusprig braten.

4 Varoma absetzen. Makkaroni abwechselnd mit dem zerkleinerten Käse in einer Schüssel schichten und warm halten. Mixtopf spülen.

5 **Apfelmus**

Gedünstete Äpfel, Zitronensaft und Zucker in den Mixtopf geben, **20 Sek./Stufe 5-8 schrittweise ansteigend** pürieren, mit den Käse-Makkaroni auf Tellern anrichten, mit gebratenen Zwiebelringen garnieren und servieren.

Variante
Für eine nicht-vegetarische Variante
brate Schinkenwürfel mit den
Zwiebeln im 3. Schritt an.

HÄHNCHEN-REIS,
Gemüsesuppe
UND GEDÄMPFTES EI

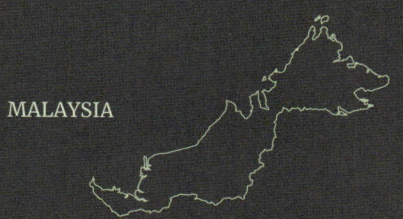

MALAYSIA

15 MIN.

1 STD. 25 MIN.

EINFACH

4 PORTIONEN

PRO PORTION

ENERGIEWERTE 2663 KJ/637 KCAL,
EIWEISS 31 G,
KOHLENHYDRATE 72 G,
FETT 24 G

ZUTATEN

- 500 g
  Hähnchenbrustfilets
  (ca. 2 Stück)
- 10 g helle Sojasauce
- ¼ TL weißer Pfeffer
- 3 Eier
- 1560 g Wasser
- 2 TL Salz
- 50 g Ingwer, frisch,
  in dünnen Scheiben
- 2–3 Knoblauchzehen
- 30 g Öl
- 300 g Reis, gewaschen
- 1 geh. TL Gewürzpaste
  für Hühnerbrühe,
  selbst gemacht, oder
  1 Würfel Hühnerbrühe
  (für 0,5 l)
- 2 Pandanusblätter
  (siehe Tipp)
- 50 g Zwiebeln,
  in Würfeln (2 cm)
- 70 g Kartoffeln,
  in Würfeln (2 cm)
- 70 g Tomaten,
  in Würfeln (2 cm)
- 120 g Möhren,
  in Würfeln (2 cm)

*Fortsetzung auf der
nächsten Seite ...*

ZUBEREITUNG

1 ———— Eine Schüssel auf den Mixtopfdeckel stellen, Hähnchenbrustfilets und Sojasauce einwiegen, Pfeffer zugeben, mit dem Spatel vermischen und 30 Minuten im Kühlschrank marinieren.

2 ———— Eier, 260 g Wasser und 1 TL Salz in den Mixtopf geben, **6 Sek./Stufe 4** vermischen und auf 4 hitzebeständige flache Schüsselchen verteilen, die auf den Varoma-Einlegeboden passen. Mixtopf spülen.

3 ———— Ingwer und Knoblauch in den Mixtopf geben, **Turbo/1 Sek./1 mal** zerkleinern und mit dem Spatel nach unten schieben.

4 ———— Öl zugeben, **3 Min./120°C/Stufe** dünsten und umfüllen.

Fortsetzung auf der nächsten Seite ...

67

TIPPS
- Mit Chilisauce servieren: 3-4 Chilis, 5 Knoblauchzehen, 1 walnussgroßes Stück Ingwer, 3 EL Limettensaft, 3 EL Wasser, 1 Würfel Hühnerbrühe, ½ TL Zucker und ¼ TL Salz in den Mixtopf geben und 1 Min./Stufe 8 pürieren.
- Du findest Pandanusblätter im asiatischen Supermarkt oder online. Du kannst diese auch durch 1-2 Stängel Zitronengras ersetzen.

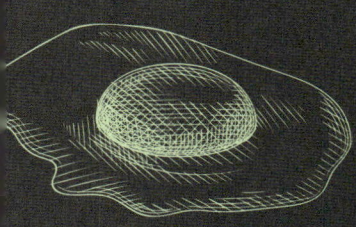

HÄHNCHEN-REIS, Gemüsesuppe UND GEDÄMPFTES EI
(Fortsetzung)

ZUBEREITUNG

5 ———— Gareinsatz einhängen, Reis einwiegen, 1300 g Wasser, Ingwer-Knoblauch-Mischung, 1 TL Salz, Gewürzpaste und Pandanusblätter zugeben und gut mit dem Spatel vermischen.

6 ———— Mariniertes Hähnchen in den Varoma-Behälter legen, dabei darauf achten, dass einige Dampfschlitze frei bleiben, Einlegeboden einsetzen, Schüsselchen mit der Eiermischung daraufgeben, Varoma aufsetzen und **20 Min./Varoma/Stufe 3** garen. Varoma absetzen und Einlegeboden herausnehmen. Gareinsatz mithilfe des Spatels herausnehmen, Reis umfüllen und warm halten.

7 ———— Zwiebeln, Kartoffeln, Tomaten und Möhren in den Mixtopf zugeben, Varoma wieder aufsetzen und **15 Min./Varoma/Stufe 1** garen.

8 ———— Varoma absetzen, Hähnchen in Streifen schneiden, mit Reis und gedämpftem Ei anrichten und mit der Gemüsesuppe als Vorspeise servieren.

Ganz gleich wie

HAUPTSACHE,

ES

SCH
M
E CK
T

Gabel links, Messer und Löffel rechts. Für ein Mehrgänge-Menü wird das Besteck von außen nach innen verwendet. Vorzugsweise ist es aus Silber, schön glänzend poliert. Eine schön gefaltete Serviette sollte links vom Teller, nicht darauf gelegt werden. Führe das Besteck zum Mund. Beuge dich nicht zum Essen hinunter. Sitze mit geradem Rücken, schmatze oder rülpse nicht.

In großen Teilen Europas befolgt man diesen Grundsatz, wenn man dem oder der Gastgeber:in eine Freude machen möchte.

Doch mit diesen Tischmanieren bist du nicht immer und überall auf der Welt ein guter Gast. Klar ist, dass das Essen in den Mund gelangen soll. Doch wie es dahin gelangt, was erlaubt ist und wie man den Koch, die Köch:in oder Gastgeber:in glücklich macht, ist unterschiedlich. Ein Blick auf Tischsitten weltweit:

Ohne Stuhl

In Japan sitzen Menschen beim Essen auf dem Boden an sehr niedrigen Tischen. Frauen setzen sich auf die Fersen, Männer in den Schneidersitz. Suppen dürfen geschlürft werden; für alles andere werden die traditionellen Stäbchen verwendet.

Ohne Messer

Essen wie Gott in Frankreich. Ja, die feine französische Küche ist weithin bekannt. Doch dass das Messer manchmal nicht verwendet werden darf, ist vielleicht weniger bekannt. So wird beispielsweise das berühmte Baguette gebrochen, nie geschnitten. Auch Salat darf bestenfalls mundgerecht gefaltet werden.

„Mit Besteck zu essen, ist wie ein Liebesakt mittels eines Dolmetschers.

Jawaharlal Nehru,
erster Premierminister von Indien, 1966

Ohne Besteck

In Indien wird mit den Händen gegessen. Genauer gesagt, nur mit der rechten Hand. Die linke Hand gilt als unrein. Doch was machst du, wenn das Essen zu flüssig ist? Selbst dann kannst du es ohne Besteck, und zwar mit einem Stück Fladenbrot, aufnehmen.

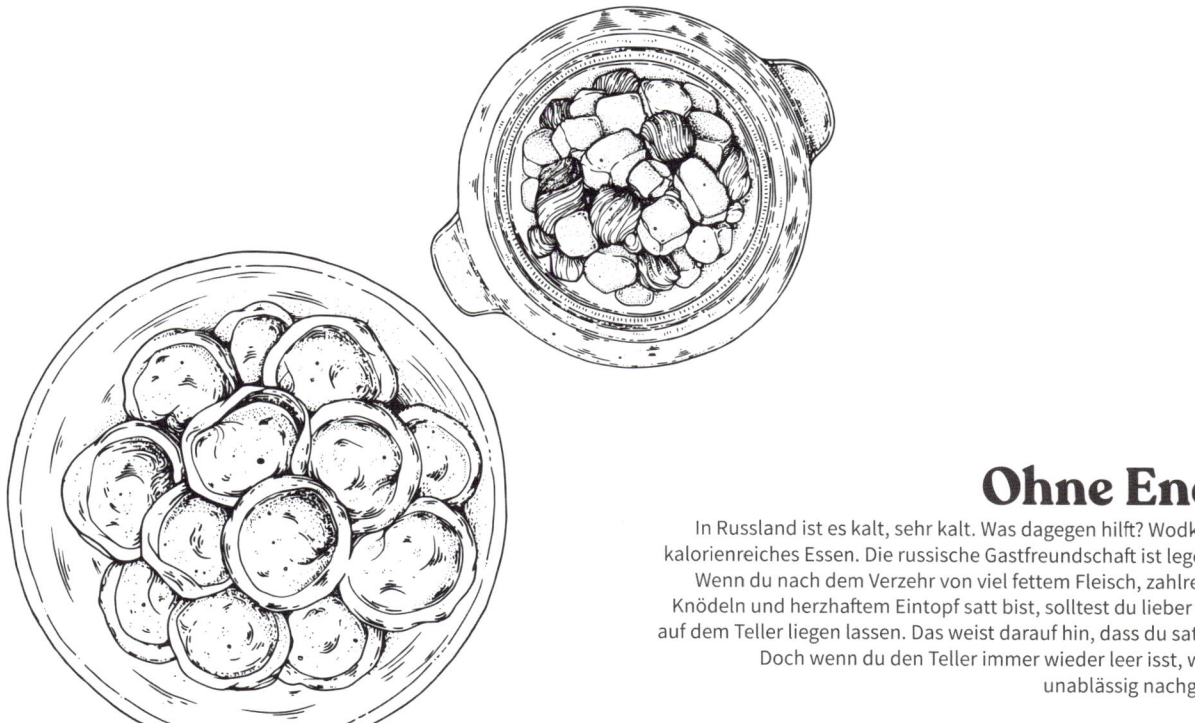

Ohne Ende

In Russland ist es kalt, sehr kalt. Was dagegen hilft? Wodka und kalorienreiches Essen. Die russische Gastfreundschaft ist legendär. Wenn du nach dem Verzehr von viel fettem Fleisch, zahlreichen Knödeln und herzhaftem Eintopf satt bist, solltest du lieber etwas auf dem Teller liegen lassen. Das weist darauf hin, dass du satt bist. Doch wenn du den Teller immer wieder leer isst, wird er unablässig nachgefüllt.

Ohne Hemmungen

In China dürfen Menschen beim Essen nach Herzenslust rülpsen und schmatzen. Diese Geräusche sind sogar erwünscht, weil sie dem Koch oder der Köchin zeigen, dass es gut schmeckt. Doch Vorsicht: Es gibt auch Grenzen. Es ist verboten, sich am Tisch die Nase zu putzen.

Ohne Salz und Pfeffer

In vielen Ländern der Welt stehen Salz und Pfeffer üblicherweise auf dem Tisch, damit sich der Gast sein Essen nachwürzen kann. Nicht so in Portugal. Denn hier wird das Nachwürzen als Beleidigung des Kochs oder der Köchin angesehen.

Ohne Berührung

Im Buckingham Palace in London wird ganz bestimmt auf die Etikette geachtet und auch Besteck verwendet. Bei der Verwendung von Besteck ist jedoch höchste Konzentration erforderlich. Denn beim Nachmittagstee darf der Löffel beim Umrühren des Tees nie den Rand der Tasse berühren.

Nicht ohne meinen „Colt"

Ja, außer Besteck waren im Wilden Westen auch andere Utensilien zum Essen notwendig: der Revolver. Um ihn schnell ziehen zu können, haben Amerikaner das gesamte Essen zuerst in kleine Stücke geschnitten, damit sie dann nur mit der Gabel weiteressen konnten. Auf diese Weise konnten sie eine Hand in den Schoß legen und waren so jederzeit zum Schießen bereit.

Ohne Löffel

Ellenlange Spaghetti, zu einem Turm auf einen Löffel gedreht. Fast eine Art Kunst! Im Land der Pasta ist das jedoch verpönt. Italiener essen ihre Pasta nur mit der Gabel, ohne Löffel. Oh, und da wir gerade in Italien sind: Cappuccino wird nur zum Frühstück serviert, Espresso kann den ganzen Tag lang bestellt werden.

Letztendlich gilt für Essen das Gleiche wie für das Leben: Es sind die Unterschiede, die es interessant machen. Lasse dich also inspirieren und probiere etwas Neues aus. Vielleicht isst du sonntags mal auf dem Boden, ohne Besteck und ohne zu reden, und bringst deine Zufriedenheit am Ende mit einem freundlichen Schmatzen zum Ausdruck. Viel Spaß beim Ausprobieren!

Pizza
MARGHERITA

25 MIN.
1 STD. 45 MIN.

EINFACH
4 PORTIONEN

PRO PORTION
ENERGIEWERTE 2544 KJ/607 KCAL,
EIWEISS 20 G,
KOHLENHYDRATE 78 G,
FETT 24 G

ITALIEN

ZUTATEN

Pizzateig
- 30 g Olivenöl und etwas mehr zum Einfetten
- 220 g Wasser, lauwarm
- 1 TL Zucker oder Backmalz
- ½ Würfel Hefe (20 g), zerbröselt, oder 2 TL Trockenhefe (8 g)
- 400 g Mehl
- 1 TL Salz

Belag und Fertigstellung
- 200 g Mozzarella, in Stücken
- 250 g stückige Tomaten, aus der Dose, oder passierte Tomaten
- 2–3 Prisen Salz
- 1 EL Olivenöl
- 10–15 Basilikumblätter, frisch, zerzupft

Fortsetzung auf der nächsten Seite …

ZUBEREITUNG

1 Pizzateig
Eine große Schüssel einfetten. Wasser, Zucker und Hefe in den Mixtopf geben und **20 Sek./Stufe 2** vermischen.

2
Mehl, Öl und Salz zugeben und **Teig 🌾/2 Min.** kneten. Teig in die vorbereitete Schüssel geben und abgedeckt an einem warmen Ort gehen lassen, bis sich das Volumen verdoppelt hat (ca. 1 Stunde).

3 Belag und Fertigstellung
Backofen auf 230°C vorheizen. Ein Backblech mit Backpapier belegen oder einfetten (siehe Tipp).

4
Mozzarella in den Mixtopf geben, **3 Sek./Stufe 5** zerkleinern und 10 Minuten im Gareinsatz abtropfen lassen.

Fortsetzung auf der nächsten Seite …

Vervollständige die Pizza mit deinem
Lieblingsbelag, z. B. Gemüse, Salami,
Schinken, weiteren Käsesorten, Obst
oder Kräutern.

Pizza
MARGHERITA
(Fortsetzung)

NÜTZLICHES ZUBEHÖR

Backblech und -papier

ZUBEREITUNG

5 .... Teig auf das vorbereitete Backblech geben, mit den Fingern rechteckig auf die Größe des Backblechs drücken und vorsichtig ziehen, dabei rundherum einen schmalen Rand formen.

6 .... Tomaten und Mozzarella auf dem Teig verteilen, mit Salz bestreuen und Öl und 5–7 Basilikumblätter darübergeben. Pizza 20 Minuten (230°C) backen, den restlichen Basilikum über die Pizza streuen und heiß servieren.

✳ TIPPS

· Aus dem Teig können auch 4 einzelne runde Pizzen gebacken werden. Sie werden nacheinander gebacken und geteilt, sobald sie aus dem Backofen kommen.
· Wenn der Mozzarella trocken ist, erübrigt sich das Abtropfen im Gareinsatz.
· Wenn die stückigen Tomaten sehr wässrig sind, kann man sie im Gareinsatz abtropfen lassen.

· Für den Pizzastein „Paul" benötigst du kein Backpapier, einfach den Backstein mit Mehl bestreuen oder einfetten.
· Beim erstmaligen Gebrauch den Pizzastein „Paul" einfetten (siehe Nutzungshinweise). Die Form bildet bei Gebrauch eine natürliche Antihaftschicht und sorgt dafür, dass das Gargut nicht an der Form anhaftet und sich einfach vom Steingut lösen lässt.

DER GESCHMACK DER
JAHRZEHNTE

DIE 80s

Popmusik
mit Bandsalat

Die ewig coolen 80er! Neonfarben, Sonnenbrillen, Popper, Punks und viel Musik.
Die Technologie hält Einzug in unser Leben und der Walkman, MTV und Heimcomputer
werden zu festen Bestandteilen in unseren Familien. Der TM3000 gelangt im Jahr 1980 in die
Regale und kocht erstmals unter dem Markennamen Thermomix®. Auch der 1982 folgende
TM3300 bringt große technische Fortschritte mit sich und beeindruckt mit einer
elektronischen Drehzahlregelung mit zwölf Stufen, einem Gareinsatz sowie einem
Temperaturregler.

SIDE

1980
TM3000

1982
TM3300

90

GESCHMORTES
Kalbsragout

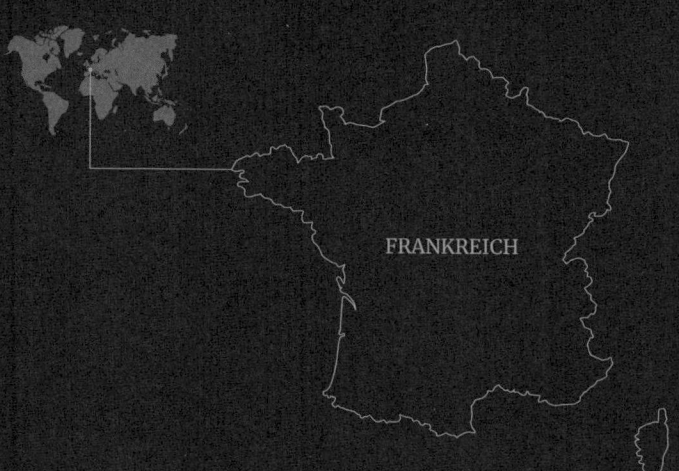

FRANKREICH

15 MIN.   2 STD. 10 MIN.

EINFACH   6 PORTIONEN

ENERGIEWERTE 1892 KJ/454 KCAL,
EIWEISS 35 G,
KOHLENHYDRATE 10 G,
FETT 31 G

PRO PORTION

 TM6

ZUTATEN

- 1 Knoblauchzehe
- 1 Zweig Thymian, abgezupft
- 2 Lorbeerblätter, getrocknet
- 1 Staudensellerie-Stange, in Stücken (1,5 cm)
- 1 Bund glatte Petersilie, abgezupft
- 100 g Porree, in Scheiben (1,5 cm)
- 150 g Möhren, in Scheiben (1,5 cm)
- 1 TL Salz
- 1 TL weißer Pfeffer
- 900 g Wasser
- 1000 g Kalbsschulter, gewürfelt (2–3 cm)
- 500 g Champignons, halbiert oder geviertelt
- 50 g Butter, in Stücken
- 50 g Mehl
- 100 g Sahne
- 2 Eigelb

ZUBEREITUNG

1 Knoblauch, Thymian, Lorbeer, Sellerie, Petersilie, Porree, Möhren, Salz, Pfeffer, Wasser und Kalbswürfel in den Mixtopf geben und **Slow Cooking ◑/1 Std. 30 Min./98°C** garen.

2 Varoma-Behälter aufsetzen, Champignons einwiegen, Varoma verschließen und **10 Min./Varoma/ ↻/Stufe ↙** garen. Varoma absetzen. Eintopf in den Gareinsatz abgießen, dabei die Garflüssigkeit auffangen, Fleisch und Gemüse in eine große Schüssel umfüllen und warm halten.

3 800 g Garflüssigkeit, Butter und Mehl in den Mixtopf geben und **10 Sek./Stufe 5** vermischen, dann **10 Min./100°C/Stufe 2** aufkochen.

4 Sahne und Eigelb zugeben und **5 Min./85°C/Stufe 2** kochen, dann **30 Sek./Stufe 9** pürieren. Sauce abschmecken, mit Fleisch und Gemüse vermischen und servieren.

GEFÜLLTES
Curry-Hähnchen-Brot

MALAYSIA

10 MIN.

2 STD. 45 MIN.

MITTEL

8 PORTIONEN

PRO PORTION

ENERGIEWERTE 2084 KJ/498 KCAL,
EIWEISS 23 G,
KOHLENHYDRATE 43 G,
FETT 26 G

TIPPS

- *Anstelle von gelber Currypaste kannst du auch grüne oder rote Currypaste verwenden.*
- *Du kannst 1/4 des Brots herausschneiden und das Hähnchencurry direkt aus dem Brot servieren.*

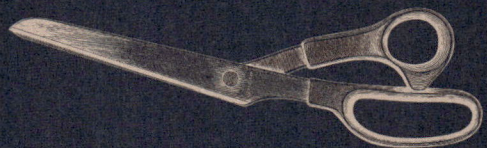

ZUTATEN

Teig
- 120 g Wasser
- 50 g Zucker
- 2 TL Trockenhefe
- 350 g Weizenmehl Type 550 und etwas mehr zum Bearbeiten
- 30 g Milchpulver
- 1 Ei
- 40 g Butter, weich, in Stücken
- ½ TL Salz

Fortsetzung auf der nächsten Seite …

ZUBEREITUNG

1 ___ **Teig**

Wasser, Zucker und Hefe in den Mixtopf geben und **1 Min./37°C/Stufe 2** vermischen.

2 ___ Mehl, Milchpulver, Ei, Butter und Salz zugeben und **30 Sek./Stufe 3** vermischen, dann **Teig /5 Min.** kneten. Teig auf eine bemehlte Arbeitsfläche geben, zu einer Kugel formen und abgedeckt gehen lassen, bis sich das Volumen verdoppelt hat (ca. 45 Minuten). In dieser Zeit Mixtopf spülen.

Fortsetzung auf der nächsten Seite …

GEFÜLLTES
Curry-Hähnchen-Brot
(Fortsetzung)

ZUTATEN

Curry-Hähnchen-Füllung
- 1200 g Hähnchenschenkel, mit Haut (ca. 3 Stück), in Stücken (3 cm)
- 150 g gelbe Currypaste
- 20 g Madras-Curry-Pulver
- ½ TL Salz
- Öl zum Einfetten
- 200 g Kokosmilch
- 1 Ei, verquirlt

NÜTZLICHES ZUBEHÖR

Backpapier, Backblech, Nudelholz, Backpinsel

ZUBEREITUNG

3 **Curry-Hähnchen-Füllung**
Eine Schüssel auf den Mixtopfdeckel stellen, Hähnchenschenkel, Currypaste und Madras-Curry-Pulver einwiegen, mit Salz vermischen und 15 Minuten marinieren.

4 Ein Stück Backpapier mit Öl bestreichen und eine große Schüssel damit auslegen.

5 Mariniertes Hähnchen und Kokosmilch in den Mixtopf geben und **15 Min./120°C/ ↻ /Stufe** garen. Hähnchen in die vorbereitete Schüssel geben und das Backpapier zu einem Päckchen um das Hähnchen verschließen, sodass keine Flüssigkeit austreten kann.

6 Ein Backblech mit Backpapier belegen. Teig mit einem Nudelholz zu einem großen Kreis ausrollen (Ø 40 cm, ca. 5 mm dick). Curry-Hähnchen-Päckchen in die Mitte des vorbereiteten Backblechs legen, mit dem Teig bedecken, den Teig vorsichtig unter das Hähnchen-Päckchen stülpen und 45 Minuten gehen lassen. Am Ende dieser Zeit Backofen auf 170°C vorheizen.

7 Brot mit verquirltem Ei bestreichen, 20-25 Minuten (170°C) goldbraun backen und servieren.

✳ **TIPP**

Kalbsbries ist die Thymusdrüse des Kalbs, welche das Wachstum des Tiers reguliert. Bei älteren Tieren verhärtet sich die Thymusdrüse und schrumpft, daher wird nur die von jungen Tieren verzehrt. Wenn das Organ hell und groß ist, ist es von guter Qualität.

KALBSBRIES MIT
Weißweinsauce

ZUTATEN

- 1000 g Kalbsbries
- 850 g Wasser, davon
  250 g kalt, und mehr
  zum Abschrecken
- 750 g Essig
- Eiswürfel zum
  Abschrecken
- 300 g Frühlingszwiebeln,
  in Stücken (2–3 cm)
- 2 Knoblauchzehen
- 30 g Olivenöl
- 1–2 Prisen Salz
- 1–2 Prisen Pfeffer
- 100 g Weißwein, trocken
- 100 g Sahne

ZUBEREITUNG

1   Eine Schüssel auf den Mixtopfdeckel stellen, Kalbsbries, 250 g kaltes Wasser und Essig einwiegen und 2 Stunden ruhen lassen. Bries zum Abtropfen in den Gareinsatz umfüllen und abspülen.

2   **Rühraufsatz einsetzen.** 600 g Wasser und abgetropftes Kalbsbries in den Mixtopf geben und **30 Min./100°C/ 🥄/Stufe ✿ garen. Rühraufsatz entfernen.**

3   Bries durch den Gareinsatz abgießen, in einer Schüssel mit sehr kaltem Wasser und Eiswürfeln abschrecken und 5 Minuten ruhen lassen. Bries auf einem Schneidebrett vorsichtig mit einer Gabel abkratzen, um die Membran und die Nerven zu entfernen. Nach dem Säubern der Länge nach halbieren und in Stücke (ca. 2 cm) schneiden. Mixtopf spülen.

4   Frühlingszwiebeln, Knoblauch und Öl in in den Mixtopf geben, **3 Sek./Stufe 6** zerkleinern und mit dem Spatel nach unten schieben, dann **7 Min./120°C/ 🥄/Stufe 1** dünsten.

5   **Rühraufsatz einsetzen**. Kalbsbriesstücke, Salz und Pfeffer zugeben und **5 Min./120°C/ 🥄/Stufe 0.5** dünsten.

6   Wein zugeben, anstelle des Messbechers Gareinsatz als Spritzschutz auf den Mixtopfdeckel stellen und **10 Min./100°C/ 🥄/Stufe 0.5** garen.

7   Sahne zugeben, **15 Min./100°C/ 🥄/Stufe 0.5** garen, **Rühraufsatz entfernen** und Kalbsbries sofort servieren.

Hähnchenschenkel
MIT MOLE VERDE

MEXIKO

10 MIN.

1 STD.

EINFACH

8 PORTIONEN

PRO PORTION

ENERGIEWERTE 1130 KJ/269 KCAL,
EIWEISS 27 G,
KOHLENHYDRATE 7 G,
FETT 16 G

ZUTATEN

- 100 g Kürbiskerne
- 60 g Erdnüsse, geröstet, ungesalzen
- 80 g Eisbergsalat, in Stücken
- 100–150 g Blattspinat, frisch, grob zerzupft
- 1 Frühlingszwiebel, nur der grüne Teil, in Stücken
- 1 Stängel Koriander, abgezupft
- 1 Stängel Petersilie, abgezupft
- 1 Serrano-Chili, nach Wunsch entkernt
- 1 Prise Kreuzkümmel (Cumin)
- 2 EL Salz
- 400 g grüne kleine Tomaten, in Würfeln
- 2 Knoblauchzehen
- 100 g Zwiebeln, halbiert
- 20 g Öl
- 8 Hähnchenschenkel, ohne Haut (siehe Tipp)
- 280–400 g Wasser (siehe Tipp)

ZUBEREITUNG

1 ——— Kürbiskerne, Erdnüsse, Eisbergsalat und Blattspinat in den Mixtopf geben und mithilfe des Spatels **30 Sek./Stufe 8** vermischen.

2 ——— Frühlingszwiebel, Koriander, Petersilie, Chili, Kreuzkümmel, Salz, Tomaten, Knoblauch, Zwiebeln und Öl zugeben und **2 Min./Stufe 8** pürieren. In dieser Zeit je 4 Hähnchenschenkel in dem Varoma-Behälter und auf dem Einlegeboden verteilen und Einlegeboden in den Varoma-Behälter einsetzen.

3 ——— Wasser in den Mixtopf zugeben, Varoma aufsetzen und **45 Min./Varoma/Stufe 1** garen. Varoma absetzen und Hähnchenschenkel heiß mit Mole verde und z. B. Reis servieren.

TIPPS

- Wasser nach Bedarf anpassen. Eine zu dicke Sauce erzeugt nicht genügend Dampf, um das Hähnchen zu garen.

- Verwende möglichst kleine Hähnchenschenkel. Ansonsten erhöhe die Garzeit im 3. Schritt um 10–15 Minuten.

HÄHNCHEN-
Süßkartoffel-
GALETTE

40 MIN.

2 STD.

MITTEL

6 PORTIONEN

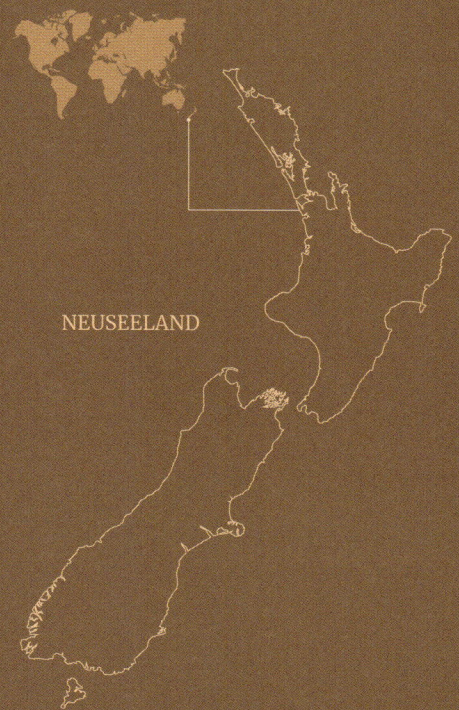

NEUSEELAND

PRO PORTION

ENERGIEWERTE 3442 KJ/820 KCAL,
EIWEISS 30 G,
KOHLENHYDRATE 57 G,
FETT 51 G

ZUTATEN

Teig
- 200 g Butter, gefroren, in Stücken (1–2 cm)
- 200 g Mehl und etwas mehr zum Bearbeiten
- 90 g Wasser, eiskalt
- ½ TL Salz

Speck-Zwiebel-Füllung
- 1 Knoblauchzehe
- 20 g Butter
- 110 g Schinkenspeckwürfel
- 250 g Zwiebeln, in Spalten
- 20 g brauner Zucker
- 20 g Balsamico, dunkel
- ½ TL Salz

Fortsetzung auf der nächsten Seite …

ZUBEREITUNG

1 — **Teig**
Butter, Mehl, Wasser und Salz in den Mixtopf geben und **20 Sek./Stufe 6** vermischen.

2 — Teig auf einer leicht bemehlten Arbeitsfläche zu einer Kugel formen, in Frischhaltefolie wickeln und 20 Minuten im Kühlschrank ruhen lassen. In dieser Zeit Mixtopf spülen und mit dem Rezept fortfahren.

3 — **Speck-Zwiebel-Füllung**
Knoblauch in den Mixtopf geben, **3 Sek./Stufe 7** zerkleinern und mit dem Spatel nach unten schieben.

4 — Butter, Speck, Zwiebeln, braunen Zucker, Balsamico und Salz zugeben und **10 Min./Varoma/↺/Stufe ↙** garen, dann ohne Messbecher **10 Min./Varoma/↺/Stufe ↙** garen und umfüllen.

Fortsetzung auf der nächsten Seite …

HÄHNCHEN-
Süßkartoffel-
GALETTE
(Fortsetzung)

ZUTATEN

Hähnchenfüllung und Fertigstellung
- 600 g Wasser
- 500 g Hähnchenbrust
- 220 g Süßkartoffeln, in Würfeln (2 cm)
- 3 Zweige Thymian, abgezupft, und etwas mehr zum Bestreuen
- 1–2 Prisen Salz
- 1–2 Prisen Pfeffer
- 150 g Champignons, geviertelt
- 40 g Butter, in Stücken
- 30 g Mehl und etwas mehr zum Bearbeiten
- 1 geh. TL Gewürzpaste für Gemüsebrühe, selbst gemacht, oder 1 Würfel Gemüsebrühe (für 0,5 l)
- 50 g Sahne
- Milch zum Bestreichen

NÜTZLICHES ZUBEHÖR

Frischhaltefolie, Backpapier, Nudelholz, Backblech, Backpinsel

ZUBEREITUNG

5 — **Hähnchenfüllung und Fertigstellung**
500 g Wasser in den Mixtopf geben, Varoma-Behälter aufsetzen, Hähnchen und Süßkartoffeln einwiegen, Thymian, Salz und Pfeffer über das Hähnchen und die Süßkartoffeln geben, Varoma verschließen und **10 Min./Varoma/Stufe 1** garen, dabei Hähnchen und Süßkartoffeln zwischendurch vorsichtig umrühren, damit sie gleichmäßig garen.

6 — Pilze in den Varoma-Behälter zugeben, Varoma wieder verschließen und **5 Min./Varoma/Stufe 1** garen. Varoma absetzen und abkühlen lassen. Mixtopf leeren.

7 — Butter, Mehl, Gewürzpaste, Sahne und 100 g Wasser in den Mixtopf geben und **4 Min./90°C/Stufe 4** erwärmen. In dieser Zeit abgekühltes Hähnchen in Stücke (2-3 cm) schneiden.

8 — Hähnchenstücke, Süßkartoffeln und Champignons in den Mixtopf zugeben, **10-15 Sek./⟲/Stufe 1** vermischen und umfüllen.

9 — Backofen auf 200°C vorheizen.

10 — Teig auf einem leicht bemehlten Backpapier zu einem Kreis (Ø ca. 40 cm) ausrollen und auf ein Backblech legen.

11 — Speck-Zwiebel-Füllung und Hähnchenfüllung auf dem Teig verteilen, dabei einen 5 cm breiten Rand lassen.

12 — Thymian auf der Füllung verteilen, den Teigrand umklappen, sodass die Füllung am Rand bedeckt ist, mit Milch bestreichen und 25 Minuten (200°C) backen. Hähnchen-Süßkartoffel-Galette 5-10 Minuten abkühlen lassen und servieren.

HÄHNCHEN MIT SESAMSAUCE
und Reis

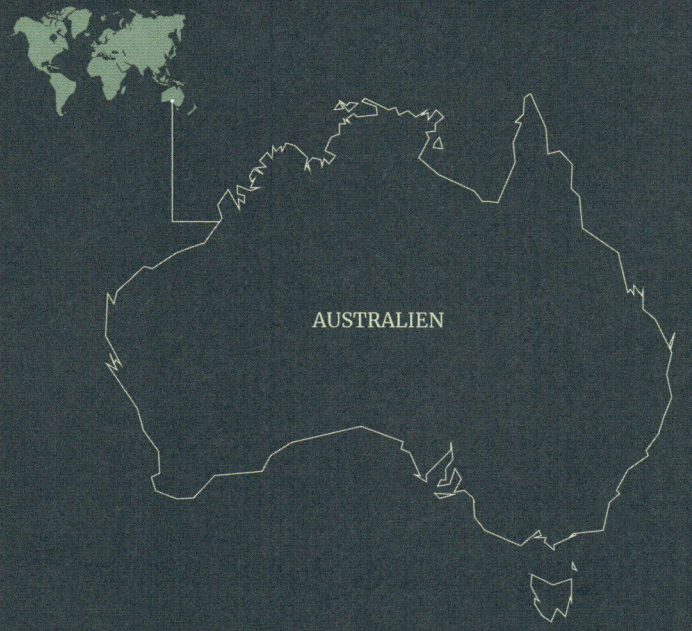

AUSTRALIEN

20 MIN.

40 MIN.

EINFACH

4 PORTIONEN

PRO PORTION

ENERGIEWERTE 2984 KJ/710 KCAL,
EIWEISS 46 G,
KOHLENHYDRATE 85 G,
FETT 20 G

ZUTATEN

- Olivenöl zum Bestreichen
- 800 g Hähnchenbrust,
  in Stücken (3 cm)
- 250 g Jasminreis
- 1000 g Wasser
- 2 TL Salz
- 180 g Möhren,
  in Scheiben (5 mm)
- 100 g Zuckerschoten
- 1 Ei, verquirlt
- 60 g Speisestärke
- 2 TL Paprika edelsüß
- ½ TL Pfeffer
- 2 Knoblauchzehen
- 30 g Reisessig
- 60 g Honig
- 20 g Sweet-Chili-Sauce
- 60 g Ketchup
- 30 g brauner Zucker
- 50 g Sojasauce
- 20 g Sesam
- 2 Frühlingszwiebeln,
  in dünnen Ringen

*Fortsetzung auf der
nächsten Seite …*

ZUBEREITUNG

1 ⸺⸺ Backofen auf 200°C vorheizen. Ein Backblech mit Alufolie auslegen und mit Öl bestreichen.

2 ⸺⸺ Eine Schüssel auf den Mixtopfdeckel stellen, Hähnchen einwiegen und zur Seite stellen. Gareinsatz auf den Mixtopfdeckel stellen, Reis einwiegen und waschen, bis das Wasser klar ist.

3 ⸺⸺ Wasser und 1 TL Salz in den Mixtopf geben, Gareinsatz mit Reis einhängen, Varoma-Behälter aufsetzen, Möhren und Zuckerschoten einwiegen, Varoma verschließen und **13 Min./Varoma/Stufe 4** garen. Varoma absetzen und Zuckerschoten und Möhren umfüllen. Gareinsatz mithilfe des Spatels herausnehmen, Reis zum Gemüse geben und warm halten. Mixtopf spülen.

Fortsetzung auf der nächsten Seite …

TIPP
Spare Zeit, indem du
das Hähnchen zubereitest,
während der Reis gart.

HÄHNCHEN MIT SESAMSAUCE
und Reis
(Fortsetzung)

NÜTZLICHES ZUBEHÖR

Backblech, Alufolie,
Backpinsel

ZUBEREITUNG

4 Hähnchen mit Ei, Speisestärke, Paprika, Pfeffer und 1 TL Salz vermischen, auf das vorbereitete Backblech geben und 10–12 Minuten (200°C) backen, dabei zwischendurch einmal wenden. In dieser Zeit mit dem Rezept fortfahren.

5 Knoblauch in den Mixtopf geben, **3 Sek./Stufe 7** zerkleinern und mit dem Spatel nach unten schieben.

6 Reisessig, Honig, Sweet-Chili-Sauce, Ketchup, Zucker, Sojasauce und Sesam zugeben, anstelle des Messbechers Gareinsatz als Spritzschutz auf den Mixtopfdeckel stellen und **6 Min./120°C/Stufe 2** erhitzen.

7 Hähnchen mit der Sauce vermischen, mit Reis und Gemüse anrichten, mit Frühlingszwiebeln bestreuen und servieren.

Pierogi mit
RINDFLEISCH-
FÜLLUNG

✳ TIPPS

- Für die Füllung können Fleisch- und Gemüsereste (z. B. Rindfleisch und Möhren) von der Zubereitung einer Fleischbrühe verwendet werden.
- Der Teig sollte schnell verarbeitet werden, damit er nicht austrocknet.
- Die Pierogi können auch auf Vorrat eingefroren werden. Dazu die Garzeit im 7. Schritt auf 2 Minuten verkürzen und Teigtaschen vor dem Einfrieren abtropfen und abkühlen lassen.

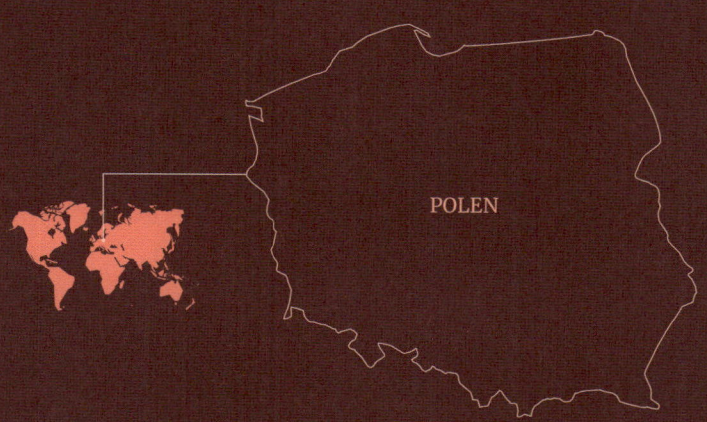

POLEN

40 MIN.

1 STD.

MITTEL

6 PORTIONEN

PRO PORTION

ENERGIEWERTE 2006 KJ/479 KCAL,
EIWEISS 20 G,
KOHLENHYDRATE 74 G,
FETT 12 G

ZUTATEN

Rindfleischfüllung
- 100 g Zwiebeln, halbiert
- 20 g Öl
- 320–350 g Rindfleisch, ohne Knochen, gekocht, in Stücken (siehe Tipp)
- 40–50 g Möhren, gekocht, in Stücken (siehe Tipp)
- ½ TL Salz
- ½ TL Pfeffer
- ¼–½ TL Majoran, getrocknet, nach Geschmack

Pierogi und Fertigstellung
- 250 g Wasser und mehr zum Kochen
- 1 Ei
- 20 g Öl
- 560 g Mehl und etwas mehr zum Bearbeiten
- 1 Prise Salz und mehr zum Kochen

NÜTZLICHES ZUBEHÖR

Nudelholz, Ausstecher, großer Topf, Schaumkelle

ZUBEREITUNG

1 **Rindfleischfüllung**
Zwiebeln in den Mixtopf geben, **5 Sek./Stufe 5** zerkleinern und mit dem Spatel nach unten schieben.

2 Öl zugeben und **3 Min./120°C/Stufe 1** dünsten.

3 Rindfleisch und Möhren zugeben, **15 Sek./Stufe 6** vermischen und mit dem Spatel nach unten schieben.

4 Salz, Pfeffer und Majoran zugeben, **10 Sek./Stufe 5** vermischen und umfüllen. Mixtopf spülen.

5 **Pierogi und Fertigstellung**
Wasser, Ei, Öl, Mehl und Salz in den Mixtopf geben und **Teig ⚗/1 Min.** kneten. Teig auf einer bemehlten Arbeitsfläche 2–3 mm dick ausrollen und mit einem runden Ausstecher oder einem Glas (Ø 7,5 cm) Kreise ausstechen.

6 Je 1 geh. TL der Füllung in die Mitte jedes Teigkreises geben, Teig vorsichtig über die Füllung falten, sodass eine Halbmondform entsteht, und Teigränder fest zusammendrücken, sodass Nudeltaschen entstehen.

7 Reichlich Salzwasser in einem Topf auf dem Herd zum Kochen bringen, die Teigtaschen portionsweise für 3–4 Minuten garen. Wenn sie an die Oberfläche steigen, Pierogi mit einer Schaumkelle aus dem Wasser nehmen und abtropfen lassen. Pierogi warm z. B. mit gebratenen Zwiebeln oder Speck servieren.

Pulled-Pork-
BURGER

Reibe am Burger.
Was riechst du?

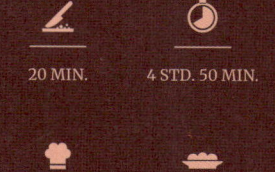

20 MIN.   4 STD. 50 MIN.

EINFACH   6 PORTIONEN

PRO PORTION   ENERGIEWERTE 1807 KJ/432 KCAL, EIWEISS 27 G, KOHLENHYDRATE 39 G, FETT 18 G

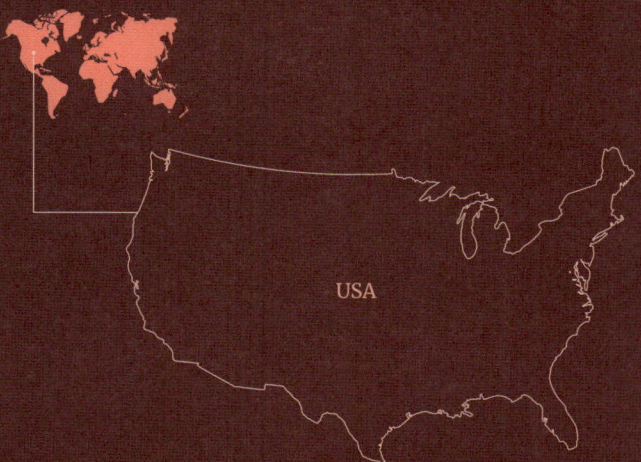

USA

 TM6

ZUTATEN

- 2 Knoblauchzehen
- 800 g Schweineschulter, ohne Knochen (5–6 große Stücke)
- 110 g Zwiebeln, in halben Ringen
- 1 Zweig Rosmarin
- 225 g Wasser
- 170 g Apfelessig
- 1 geh. TL Gewürzpaste für Gemüsebrühe, selbst gemacht, oder 1 Würfel Gemüsebrühe (für 0,5 l)
- ½ TL Salz
- 510 g Barbecue-Sauce und etwas mehr zum Servieren
- 6 Burgerbrötchen
- 6 grüne Salatblätter
- 1 rote Zwiebel, in halben Ringen

NÜTZLICHES ZUBEHÖR

Messerabdeckung

ZUBEREITUNG

1 ⸺ Knoblauch in den Mixtopf geben und **3 Sek./Stufe 7** zerkleinern.

2 ⸺ **Messerabdeckung einsetzen**. Schweinefleisch, Zwiebeln, Rosmarin, Wasser, Apfelessig, Gewürzpaste, Salz und 340 g Barbecue-Sauce zugeben und **Slow Cooking ◔/4 Std. 30 Min./98°C** garen.

3 ⸺ Fleisch und Zwiebeln vorsichtig durch den Varoma-Behälter abgießen, um zu vermeiden, dass die Messerabdeckung herausfällt, und dabei Garflüssigkeit auffangen. **Messerabdeckung vorsichtig entfernen.**

4 ⸺ Gegartes Schweinefleisch und Zwiebeln, 60 g Garflüssigkeit und 170 g Barbecue-Sauce in den Mixtopf geben, **5–10 Sek./ ⟳/Stufe 3** vermischen und abschmecken. Burgerbrötchen waagerecht halbieren, Salat auf der unteren Hälfte verteilen, mit Pulled Pork und roten Zwiebeln belegen und mit Barbecue-Sauce servieren.

RIPPCHEN MIT
Süß-Sauer-Sauce

10 MIN.

40 MIN.

EINFACH

4 PORTIONEN

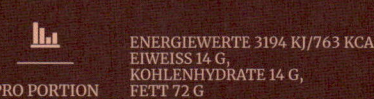

PRO PORTION

ENERGIEWERTE 3194 KJ/763 KCAL,
EIWEISS 14 G,
KOHLENHYDRATE 14 G,
FETT 72 G

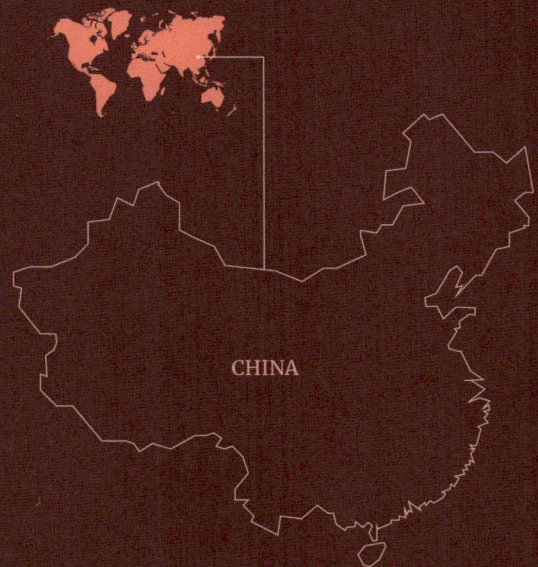

CHINA

ZUTATEN

- 10 g Öl
- 10 g Ingwer, frisch, in dünnen Scheiben
- 500 g Schweine-Rippchen, in Stücken (ca. 5 cm)
- 50 g Puderzucker
- 50 g Reiswein
- 50 g Essig
- 15 g helle Sojasauce
- 10 g dunkle Sojasauce

ZUBEREITUNG

1 Öl und Ingwer in den Mixtopf geben und **3 Min./120°C/Stufe 1** dünsten.

2 Rippchen, Puderzucker, Reiswein, Essig, helle Sojasauce und dunkle Sojasauce zugeben und **25 Min./Varoma/ /Stufe** garen.

3 Dann **5 Sek./ /Stufe 2** vermischen und Rippchen mit Süß-Sauer-Sauce servieren.

GRIECHISCHE FLEISCH-BÄLLCHEN (Köfte)

✻ TIPP

Köfte z. B. mit Pommes oder Reis und Salat servieren.

30 MIN.   1 STD. 30 MIN.

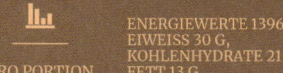

MITTEL   8 PORTIONEN

ENERGIEWERTE 1396 KJ/334 KCAL,
EIWEISS 30 G,
KOHLENHYDRATE 21 G,
PRO PORTION   FETT 13 G

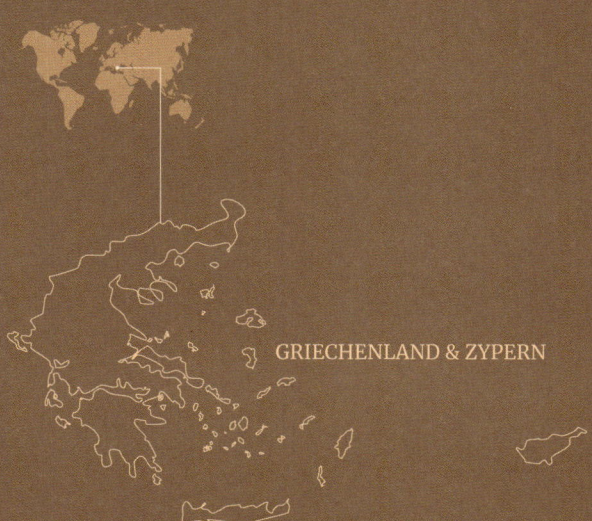

GRIECHENLAND & ZYPERN

ZUTATEN

- 140 g Zwiebeln, halbiert
- 700 g Kartoffeln,
  in Stücken
- 3 Eier
- 2 EL Olivenöl und etwas
  mehr zum Braten
- 1 EL Essig
- 1 Bund Petersilie,
  abgezupft
- 1 TL Salz
- 1 Prise Pfeffer
- 1 TL Minze, getrocknet
  (optional)
- 50 g Paniermehl
- 1000 g Hackfleisch,
  gemischt

NÜTZLICHES ZUBEHÖR

Frischhaltefolie,
Bratpfanne

ZUBEREITUNG

1 ——— Zwiebeln, Kartoffeln, Eier, Öl, Essig, Petersilie, Salz, Pfeffer und Minze in den Mixtopf geben und **5 Sek./Stufe 6** zerkleinern.

2 ——— Paniermehl zugeben und **1 Sek./Stufe 5** vermischen. Gemüsemischung in eine Schüssel umfüllen, Hackfleisch zugeben, gut vermischen, mit Frischhaltefolie abdecken und 1 Stunde in den Kühlschrank stellen.

3 ——— Hackfleischmischung noch einmal gut durchkneten und längliche Fleischbällchen (ca. 6 x 3 cm) formen. Öl in einer tiefen Pfanne auf dem Herd bei mittlerer Hitze erhitzen, die Fleischbällchen portionsweise goldbraun braten und z. B. mit Joghurtsauce servieren.

20 MIN.   1 STD. 20 MIN.

EINFACH   16 SCHEIBEN

PRO SCHEIBE   ENERGIEWERTE 694 KJ/166 KCAL,
EIWEISS 13 G,
KOHLENHYDRATE 2 G,
FETT 12 G

RUMÄNIEN

ZUTATEN

- 400 g Wasser
- 6 Eier
- 50 g Weißbrot, in Stücken
- 100 g Milch
- 20 g Öl
- 80 g Zwiebeln, halbiert
- 800 g Hackfleisch, gemischt
- 1 TL Salz
- ½ TL Pfeffer
- ½ TL Paprika edelsüß

Fortsetzung auf der nächsten Seite ...

ZUBEREITUNG

1   Wasser in den Mixtopf geben, Gareinsatz einhängen, 4 Eier hineinlegen und **14 Min./Varoma/Stufe 1** garen. Gareinsatz mithilfe des Spatels herausnehmen, Eier unter kaltem Wasser abschrecken und pellen. Mixtopf leeren.

2   Eine Schüssel auf den Mixtopfdeckel stellen, Weißbrot und Milch einwiegen und einweichen.

3   Backofen auf 180°C vorheizen und eine Kastenform (30 x 12 x 10 cm) einfetten.

4   Öl und Zwiebeln in den Mixtopf geben, **4 Sek./Stufe 5** zerkleinern und mit dem Spatel nach unten schieben.

Fortsetzung auf der nächsten Seite ...

HACKBRATEN
mit Ei

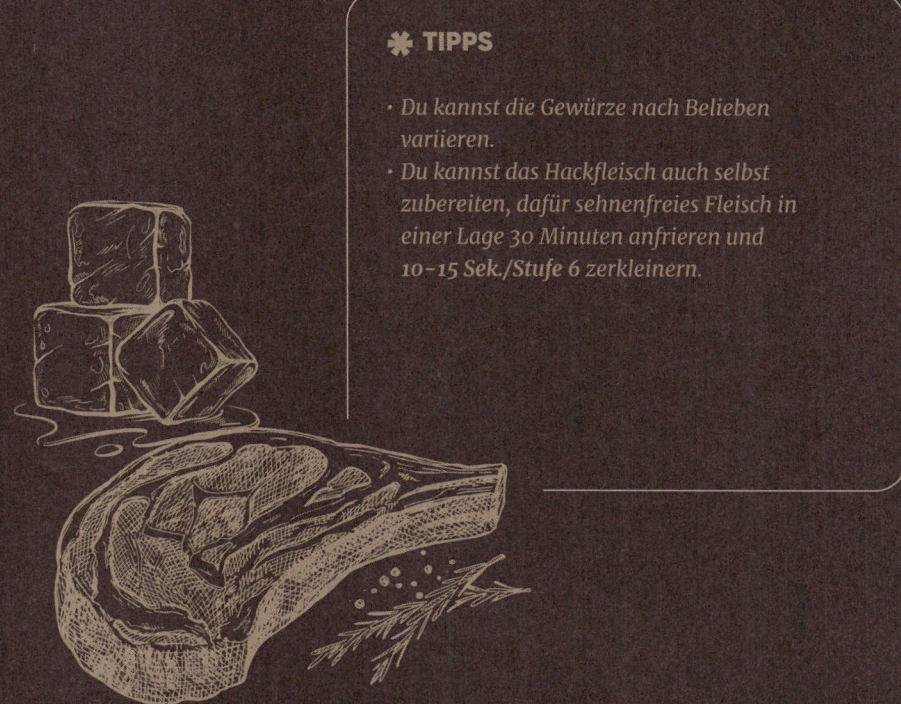

❋ **TIPPS**

· *Du kannst die Gewürze nach Belieben variieren.*
· *Du kannst das Hackfleisch auch selbst zubereiten, dafür sehnenfreies Fleisch in einer Lage 30 Minuten anfrieren und 10–15 Sek./Stufe 6 zerkleinern.*

HACKBRATEN
mit Ei
(Fortsetzung)

NÜTZLICHES ZUBEHÖR

Kastenform
(ca. 30 x 12 x 10 cm)

ZUBEREITUNG

5 ___ Dann **3 Min./120°C/Stufe 1** dünsten.

6 ___ Weißbrot ausdrücken, mit Hackfleisch, 2 rohen Eiern, Salz, Pfeffer und Paprika zugeben und mithilfe des Spatels **Teig 🌾/1 Min.** verkneten.

7 ___ Die Hälfte der Hackfleischmischung in die vorbereitete Kastenform geben, gekochte Eier längs auf der Hackfleischmischung verteilen und restliche Hackfleischmischung daraufgeben. Hackbraten glatt streichen, 40-50 Minuten (180°C) backen, in Scheiben schneiden und servieren.

> „
> **Thermomix® ist der beste Küchenhelfer, den ich in**
>
> # 104
>
> # Jahren hatte!
> „

Madalena Sacadura Botte

Kochen stand schon immer im Mittelpunkt ihres Lebens. Madalena Sacadura Botte war eine Geschäftsfrau und Unternehmerin – in einer Zeit, als das für Frauen noch nicht selbstverständlich war. Sie hat schon so prominente Gäste wie den Papst oder Queen Elizabeth II. bewirtet. Und als Vermächtnis hinterlässt sie ihre außergewöhnliche Leidenschaft für das Kochen. Eine Reise durch die Welt des Kochens, die sich über Jahrzehnte erstreckte und bei der auch außergewöhnliche Innovationen wie Thermomix® eine Rolle spielten.

Die Freude am Kochen

Die Portugiesin Madalena Sacadura Botte, die auf ein inzwischen fast 105-jähriges Leben mit vielen unerwarteten Wendungen, vier Kindern, sieben Enkelkindern und 22 Urenkel:innen zurückblickt, ist eine Frau voller Energie, Weisheit und Wärme. Ihre Hände klammern sich an ihr Handy, so als würde sie die moderne Welt festhalten wollen; ihre Augen glänzen und sie hat eine tolle Geschichte zu erzählen.

Madalena Sacadura Botte
mit Maria, einer ihrer
Urenkel:innen.

Seit Kindestagen ist das Kochen Teil ihres Lebens, und ihre Kindheitserinnerungen sind mit vielen Anekdoten rund ums Kochen gefüllt. Sie erinnert sich zum Beispiel gerne an religiöse Feiertage, an denen in Portugal traditionell Würste wie Chorizo und Morcela hergestellt werden.

> **Ich weiß noch, wie ich als kleines Kind in der Küche stand und verschiedene Zutaten mit Mehl und Ei vermischt habe, um kleine Puddings zu machen.**

Während sie das sagt, zuckt sie mit den Schultern und lacht.

Der Kuchen von Oma Henriqueta

W enn sie an ein wirklich besonderes Rezept denken soll, erinnert sie sich an den Kuchen ihrer Großmutter Henriqueta. Gar nicht so sehr wegen des Rezepts selbst, das so einfach war, dass man eigentlich nichts falsch machen konnte ... sondern vielmehr wegen des großen Einflusses, den es auf ihre Art des Kochens ausübte. Oma Henriqueta hatte immer ihre eigene Meinung zu Rezepten und sagte, dass sie zwar sehr gut seien, fügte jedoch grundsätzlich ein „Aber" hinzu: „Aber es hat ein bisschen Salz gefehlt", „aber es hätte etwas mehr Petersilie sein können" oder „aber ohne Knoblauch wäre es besser gewesen". Sogar bei ihrem eigenen herzhaften Kuchen – der so simpel war, dass er aus nur drei Zutaten bestand: Brot, Eier und Petersilie – gab es immer ein „Aber". Dieses stetige „Aber" ist etwas, das Madalena und auch ihre Familie geerbt haben. Es steht für ein Streben nach ständiger Verbesserung. Eine kontinuierliche Suche nach den besten kulinarischen Kombinationen.

Diese Freude am Kochen hat Madalena seit ihrer Kindheit begleitet. Und Jahre später sollte sich das als sehr nützlich erweisen und ihr dabei helfen, eine echte Geschäftsfrau zu werden.

In schwierigen Zeiten bringt Kochen Wohlstand.

In den 1970er-Jahren gehörte das Kochen für viele Frauen zum Alltag, und für Madalena sollte sich ihre Kochkunst als riesiger Vorteil herausstellen. In einer Zeit politischer und sozialer Instabilität in Portugal entschloss sich Madalena, ein Unternehmen für Fertiggerichte zum Mitnehmen zu gründen. Sie reiste nach Spanien und kehrte inspiriert und voller Ideen zurück. Sie tat sich mit einigen guten Freund:innen zusammen, und kurze Zeit später eröffnete eines der ersten Take-away-Restaurants des Landes, benannt nach einem Gebäude in Lissabon. Später stellte sich Madalena der Herausforderung, ein weiteres Take-away-Gastronomieprojekt zu starten. Und einmal mehr war ein verlässliches Team der Schlüssel zum Erfolg.

Tatsächlich handelte es sich dabei um mehr als nur ein Unternehmen – Madalena gründete eine zweite Familie, in die alle eingebunden waren. Das geschäftige Treiben in der Küche war der soziale Mittelpunkt aller. Selbst die jüngsten Familienmitglieder halfen gelegentlich mit und schälten Mandeln, machten den Salat oder bereiteten den Teig für die Quiches zu. Alle am Projekt Beteiligten wuchsen so in einem Umfeld auf, in dem sie ständig von Essen umgeben waren – da ist es unvermeidlich, dass sich die Liebe zum guten Geschmack entwickelt und von einer Generation an die nächste weitergegeben wird.

Irgendwann erreichte Madalenas Reise durch die Welt des Kochens dann eine ganz neue Dimension, als sie auch noch ein neues Catering-Unternehmen gründete. Sie übernahm das Catering für Hochzeiten und große Regierungsveranstaltungen und hatte die Ehre, so hochkarätige Gäste wie den Papst oder Queen Elizabeth II. zu bewirten.

Mittagessen für den Papst

Veranstaltungen mit sehr prominenten Gästen waren für sie zwar nichts Ungewöhnliches, doch diesmal bereitete sie das Mittagessen für keinen Geringeren als Papst Johannes Paul II. höchstpersönlich zu. In letzter Minute erhielt sie die Warnung, dass der Papst keine Eier verträgt. Was sollte nun aus den Papos de Anjo (traditionelles Süßgebäck mit Eiern und Zucker) werden, die sie als Nachspeise vorbereitet hatte? Sie improvisierte und bot Erdbeeren als alternative Nachspeise an. Stelle dir vor, wie aufgeregt sie war, als sie nach dem Mittagessen vom Assistenten des Papstes erfuhr:

Der Kuchen der Queen

Madalena hatte die Ehre, mit Queen Elizabeth II. eine weitere äußerst hochrangige Persönlichkeit zu verkösten. Auf einer Reise nach Portugal übernachtete die Queen im Queluz-Palast und probierte ein Stück von Madalenas unwiderstehlichem Schokoladenkuchen. Sie fragte sogar nach dem Rezept, bevor sie ging! Madalenas Familie bezeichnet den Kuchen seitdem als „den Kuchen der Queen"!

Als sie ihr Catering-Unternehmen gründete, gab es Thermomix® noch nicht: Sie musste alle Zutaten von Hand schneiden oder riesige Mengen Mayonnaise anrühren. Natürlich gab es mit der Zeit neue, praktische Küchenutensilien, aber mit dem Wissen von heute platzt es spontan aus Madalena heraus: „Ein so vielseitiges Küchengerät wie Thermomix® wäre extrem praktisch gewesen."

„Seine Heiligkeit hat vier Papos de Anjo gegessen!"

Die besorgte Madalena betete die ganze Messe lang dafür, dass es ihm gut ginge und ihm ihre Nachspeise keine Probleme bereitete, denn schließlich sind deren Hauptzutat ... Eier!

Die Ankunft des Thermomix®

Wenn es um ihren Thermomix® TM31 geht, sagt sie voller Überzeugung: „Die Suppen und Saucen könnten nicht cremiger sein. Die Sauce Hollandaise beeindruckt mich am meisten: Ich esse sie immer mit Artischocken. Ah! Und ich liebe das Ketchup! Das könnte ich löffelweise essen!"

In einer großen Familie wie ihrer kommen zu Geburtstagsfeiern immer viele Gäste zusammen. „Früher mussten wir drei Tage vorher anfangen, alles vorzubereiten", erinnert sie sich. „Jetzt können wir in kürzester Zeit Rezepte wie frische Limonade für 100 Gäste zubereiten", merkt ihre Enkelin an. Ganz davon zu schweigen, was für eine zentrale Rolle Thermomix® im Leben ihrer Urenkelinnen spielt – die können sich eine Küche ohne Thermomix® überhaupt nicht mehr vorstellen.

„Meine Enkelin Joana hat mir den Thermomix® gezeigt. Ohne sie wäre mir vieles nicht so gut gelungen. "

Von Generation
zu Generation

Thermomix® ist mittlerweile so stark in der Geschichte dieser
Familie verwurzelt, dass er oft Teil der Erinnerungen, Anekdoten
und lustigen Episoden ist, die zu Tisch erzählt werden.

Tatsächlich verbindet Thermomix® mehrere Generationen.
Die Liebe zum Kochen gehört zur DNA dieser Familie, doch die
Rezepte und die Zubereitungsmethoden bilden die Basis für
eine kulinarische Bindung zwischen Urgroßmutter, Kindern,
Enkelkindern, Urenkel:innen – und ganz bestimmt auch zwischen
den Generationen, die noch kommen.

LACHS MIT
Spargel, Reis und
ZITRONEN-HOLLANDAISE

KANADA

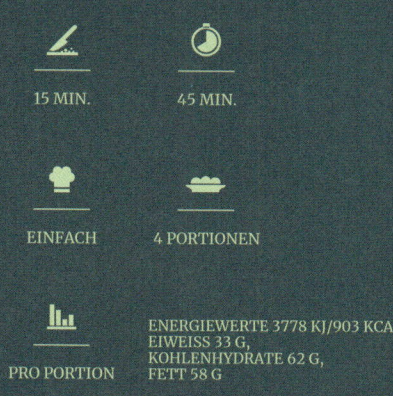

15 MIN.

45 MIN.

EINFACH

4 PORTIONEN

PRO PORTION

ENERGIEWERTE 3778 KJ/903 KCAL,
EIWEISS 33 G,
KOHLENHYDRATE 62 G,
FETT 58 G

 TM6

ZUTATEN

Lachs, Spargel und Reis
- 30 g Koriander oder Petersilie, abgezupft
- 1 Zitrone, unbehandelt, Schale abgeschält und Saft ausgepresst
- 285 g Jasminreis, gewaschen
- 1000 g Wasser
- 1 TL Zwiebelpulver
- ½ TL Knoblauch, gemahlen
- ½ TL Salz und etwas mehr zum Würzen
- 340 g grüner Spargel oder Brokkoliröschen
- 450 g Lachsfilets, frisch, ohne Haut (ca. 3 cm dick)
- Pfeffer zum Würzen

Fortsetzung auf der nächsten Seite ...

ZUBEREITUNG

1 **Lachs, Spargel und Reis**
Koriander und Zitronenschale in den Mixtopf geben, **5 Sek./Stufe 10** zerkleinern und in eine große Schüssel umfüllen.

2 Gareinsatz einhängen, Reis einwiegen, Wasser, Zwiebelpulver, Knoblauchpulver und Salz zugeben und gut mit dem Spatel vermischen.

3 Varoma-Behälter aufsetzen, Spargel einwiegen, Einlegeboden einsetzen, Lachs darauflegen, mit Salz und Pfeffer würzen, mit 1 EL Zitronensaft beträufeln, Varoma verschließen und **17 Min./Varoma/Stufe 3** garen. Varoma absetzen. Gareinsatz mithilfe des Spatels herausnehmen, Reis in die Schüssel zu der Koriander-Zitronen-Mischung geben und mit dem Spatel umrühren. Reis, Lachs und Spargel warm halten. Mixtopf leeren.

Fortsetzung auf der nächsten Seite ...

LACHS MIT
Spargel, Reis
und **ZITRONEN-
HOLLANDAISE**
(Fortsetzung)

ZUTATEN

Zitronen-Hollandaise
- 15 g Wasser
- 225 g Butter, in Stücken
- 4 Eigelb
- ½ TL Salz
- 1 Prise Pfeffer

ZUBEREITUNG

4 ———— **Zitronen-Hollandaise**
Wasser, 30 g Zitronensaft, Butter, Eigelb, Salz und Pfeffer in den Mixtopf geben und **Andicken** ⌇/80°C. Lachs mit Reis und Spargel anrichten, mit Zitronen-Hollandaise beträufeln und servieren.

KABELJAU–
Gratin

10 MIN.   50 MIN.

EINFACH   6 PORTIONEN

PRO PORTION   ENERGIEWERTE: 1761 KJ/421 KCAL,
              EIWEISS 19 G,
              KOHLENHYDRATE 29 G,
              FETT 26 G

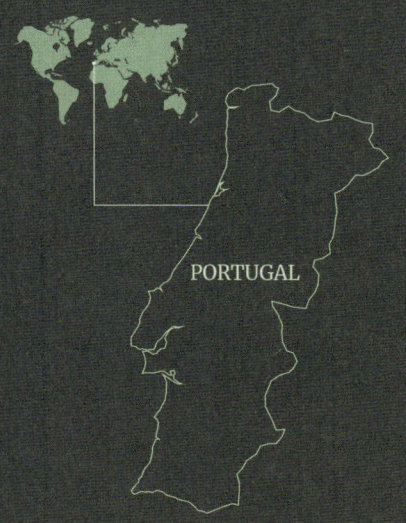

PORTUGAL

ZUTATEN

Kabeljau
- 100 g Brot, vom Vortag, in Stücken
- 100 g Milch
- 50 g Olivenöl
- 200 g Zwiebeln, halbiert
- 2 Knoblauchzehen
- 300 g Möhren, in Stücken
- 400 g Kabeljau, in Stücken (3 cm)
- ½ TL Salz
- 1 Prise Pfeffer

Fortsetzung auf der nächsten Seite …

ZUBEREITUNG

1 ——— Kabeljau

Eine Schüssel auf den Mixtopfdeckel stellen, Brot und Milch einwiegen und einweichen lassen.

2 ———

Öl, Zwiebeln, Knoblauch und Möhren in den Mixtopf geben und **10 Sek./Stufe 5** zerkleinern, dann **5 Min./120°C/Stufe 1** dünsten.

3 ———

Brot gut ausdrücken, mit Kabeljau, Salz und Pfeffer in den Mixtopf zugeben, **5 Min./100°C/Stufe 2** dünsten und in eine kleine Auflaufform (ca. 25 x 20 cm) umfüllen.

Fortsetzung auf der nächsten Seite …

TIPP

Du kannst im 3. Schritt zusätzlich 300 g gekochte oder gebratene Garnelen in die Auflaufform zugeben.

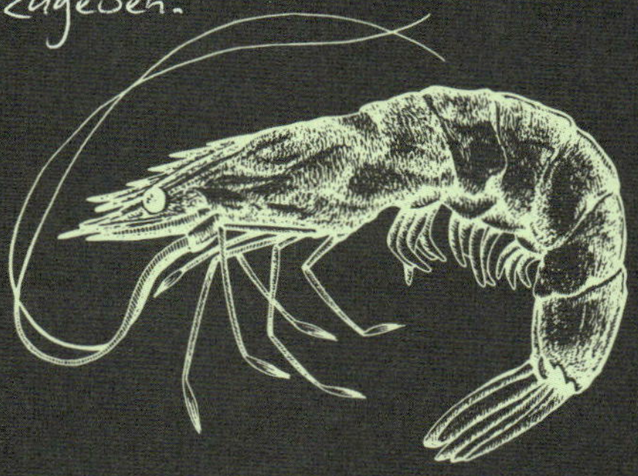

KABELJAU–
Gratin
(Fortsetzung)

ZUTATEN

Béchamelsauce und Fertigstellung
- 300 g Milch
- 60 g Mehl
- 30 g Butter
- ½ TL Salz
- 1 Prise Pfeffer
- 1 Prise Muskat
- 200 g Sahne
- 50 g Paniermehl

NÜTZLICHES ZUBEHÖR

Auflaufform (25 x 20 cm)

ZUBEREITUNG

4 — **Béchamelsauce und Fertigstellung**
Backofen auf 200°C vorheizen.

5 — Milch, Mehl, Butter, Salz, Pfeffer und Muskat in den Mixtopf geben und **6 Min./90°C/Stufe 4** aufkochen.

6 — Sahne zugeben, **2 Min./90°C/Stufe 4** erhitzen, über den Kabeljau geben und mit dem Spatel gut verrühren. Gratin mit Paniermehl bestreuen, 20 Minuten (200°C) goldbraun backen und z. B. mit einem Salat servieren.

DER GESCHMACK DER
JAHRZEHNTE

Die 90's

Voll-dampf voraus!

Die 90er! Zwischen den 80ern und dem neuen Jahrtausend, zwischen Endzeitstimmung und strahlender Zukunft ringen sie um Aufmerksamkeit und ihren eigenen Style. Der aalglatte Sound der 80er wird roh und ungeschliffen. Grunge! Die 90er bringen den Durchbruch der Mobiltelefone – noch so groß wie Backsteine – und die große Ära der Supermodels beginnt. Und alle fragen sich: Was kommt als nächstes? Vielleicht ein TM21 mit Digitalanzeige und Dampfgaraufsatz?

1996
TM21

KNOBLAUCH-
KARTOFFEL-
Puffer

TSCHECHIEN

15 MIN.

45 MIN.

EINFACH

4 PORTIONEN

PRO PORTION

ENERGIEWERTE 2017 KJ/482 KCAL,
EIWEISS 8 G,
KOHLENHYDRATE 43 G,
FETT 31 G

ZUTATEN

- 2–3 Knoblauchzehen,
  nach Geschmack
- 700 g Kartoffeln,
  in Stücken
- 1 Ei
- 60 g Mehl
- 2 TL Salz
- 1 TL Pfeffer
- 1 EL Majoran, getrocknet
- 120 g Öl zum Braten

NÜTZLICHES ZUBEHÖR

Pfanne, kleine Schöpfkelle,
Küchenrolle

ZUBEREITUNG

1 ——— Knoblauch in den Mixtopf geben und **5 Sek./Stufe 5** zerkleinern.

2 ——— Kartoffeln, Ei, Mehl, Salz, Pfeffer und Majoran zugeben und mithilfe des Spatels **30 Sek./Stufe 4** vermischen.

3 ——— Öl in einer Pfanne auf dem Herd erhitzen, jeweils eine Schöpfkelle der Mischung in das heiße Öl geben und die Kartoffelpuffer von beiden Seiten goldbraun braten. Gebratene Puffer zum Abtropfen auf Küchenrolle geben und heiß z. B. mit Sauerkraut oder Gemüsesalat servieren.

TIPP
Füge dem Teig nach dem
2. Schritt gewürfelte Wurst
oder geriebenen Käse hinzu.

20 MIN.

50 MIN.

EINFACH

4 PORTIONEN

PRO PORTION

ENERGIEWERTE 2919 KJ/698 KCAL,
EIWEISS 11 G,
KOHLENHYDRATE 30 G,
FETT 59 G

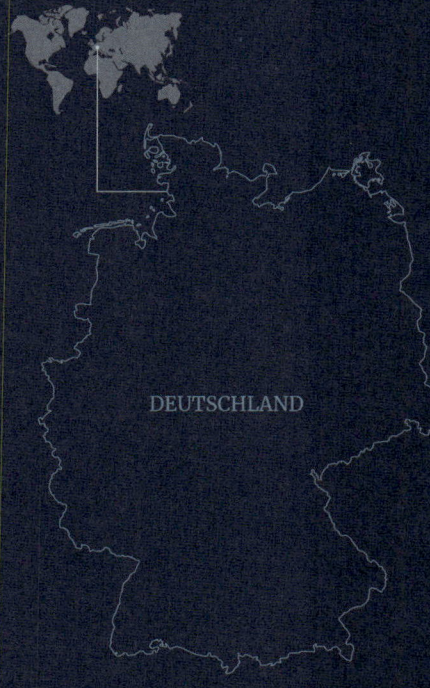

DEUTSCHLAND

TM6

ZUTATEN

Spargel und Kartoffeln
- 600 g Wasser
- 1 TL Salz
- 1 Prise Zucker
- 5 g Butter (optional)
- 750 g Kartoffeln, klein, oder in Stücken (siehe Tipp)
- 1000–1500 g Spargel

Sauce Hollandaise
- 20 g Wasser
- 10 g Zitronensaft
- 175 g Butter, in Stücken
- 4 Eigelb
- ½ TL Salz
- 1 Prise Pfeffer

ZUBEREITUNG

1 — Spargel und Kartoffeln

Wasser, Salz, Zucker und Butter in den Mixtopf geben, Gareinsatz einhängen, Kartoffeln einwiegen, Varoma-Behälter aufsetzen, Spargel einwiegen, Varoma verschließen und **30 Min./Varoma/Stufe 1** garen. Varoma absetzen. Gareinsatz mithilfe des Spatels herausnehmen, Spargel und Kartoffeln umfüllen und warm halten. Mixtopf leeren.

2 — Sauce Hollandaise

Wasser, Zitronensaft, Butter, Eigelb, Salz und Pfeffer in den Mixtopf geben und **Andicken ⚊/80°C.** Sauce Hollandaise abschmecken und sofort mit Spargel und Kartoffeln servieren.

❋ TIPPS

· Frühkartoffeln haben zur gleichen Zeit wie Spargel Saison und eignen sich hervorragend zum Verzehr mit Spargel. Sie unterscheiden sich im Stärkegehalt von späteren Kartoffeln und neigen dazu, das Kochwasser aufschäumen zu lassen. Um dies zu verhindern, gib 1 Stück Butter ins Kochwasser.

· Wenn die Spargelstangen sehr dick sind oder wenn du eine größere Menge als im Rezept angegeben kochst, wende den Spargel 10 Minuten vor Ende der Garzeit mit dem Spatel, um ein gleichmäßiges Garen zu erreichen.

· Bereite aus den Spargelschalen eine Brühe zu und verwende diese als Basis für die Zubereitung einer Spargelcremesuppe.

SPARGEL UND KARTOFFELN
mit Sauce Hollandaise

40 MIN.

1 STD.

EINFACH

4 PORTIONEN

PRO PORTION

ENERGIEWERTE 2760 KJ/656 KCAL,
EIWEISS 24 G,
KOHLENHYDRATE 58 G,
FETT 34 G

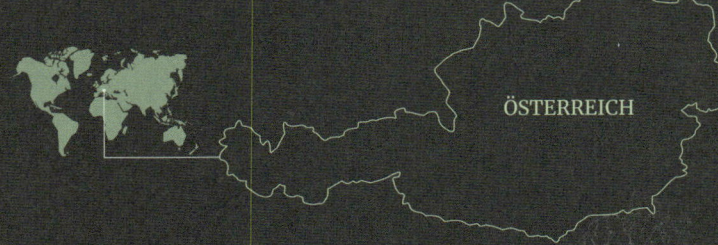

ÖSTERREICH

TIPPS
- *Falls der Knödelteig zu weich ist, eine kleine Menge Paniermehl untermischen.*
- *Paniermehl kann auch leicht selbst aus altbackenen Brötchen hergestellt werden.*

ZUTATEN

Spinatknödel
- 200 g Blattspinat, TK, angetaut, in Stücken (2 cm)
- 70 g Zwiebeln, halbiert
- 5 Stängel Petersilie, abgezupft
- 60 g Butter, in Stücken
- 130 g Milch
- 250 g Brötchen, in Würfeln (2–3 cm)
- 150 g Mozzarella, in Würfeln (1 cm)
- 40 g Weizenmehl
- 3 Eier
- ½ TL Salz
- 1 Prise Muskat

Fortsetzung auf der nächsten Seite …

ZUBEREITUNG

1   **Spinatknödel**
Spinat in den Mixtopf geben, **7 Sek./Stufe 7** zerkleinern und in eine Schüssel umfüllen.

2   Zwiebeln und Petersilie in den Mixtopf geben, **7 Sek./Stufe 5** zerkleinern und mit dem Spatel nach unten schieben.

3   Butter zugeben und **4 Min./120°C/Stufe 1** dünsten.

4   Milch, Brötchen, Mozzarella, Mehl, zerkleinerten Spinat, Eier, Salz und Muskat zugeben und mithilfe des Spatels **30 Sek./ ↺ /Stufe 3** vermischen. Knödelteig in eine Schüssel umfüllen, nochmals mit dem Spatel vermischen und 15 Minuten ruhen lassen. In dieser Zeit Mixtopf spülen und mit dem Rezept fortfahren.

Fortsetzung auf der nächsten Seite …

SPINATKNÖDEL
auf
Tomatenragout

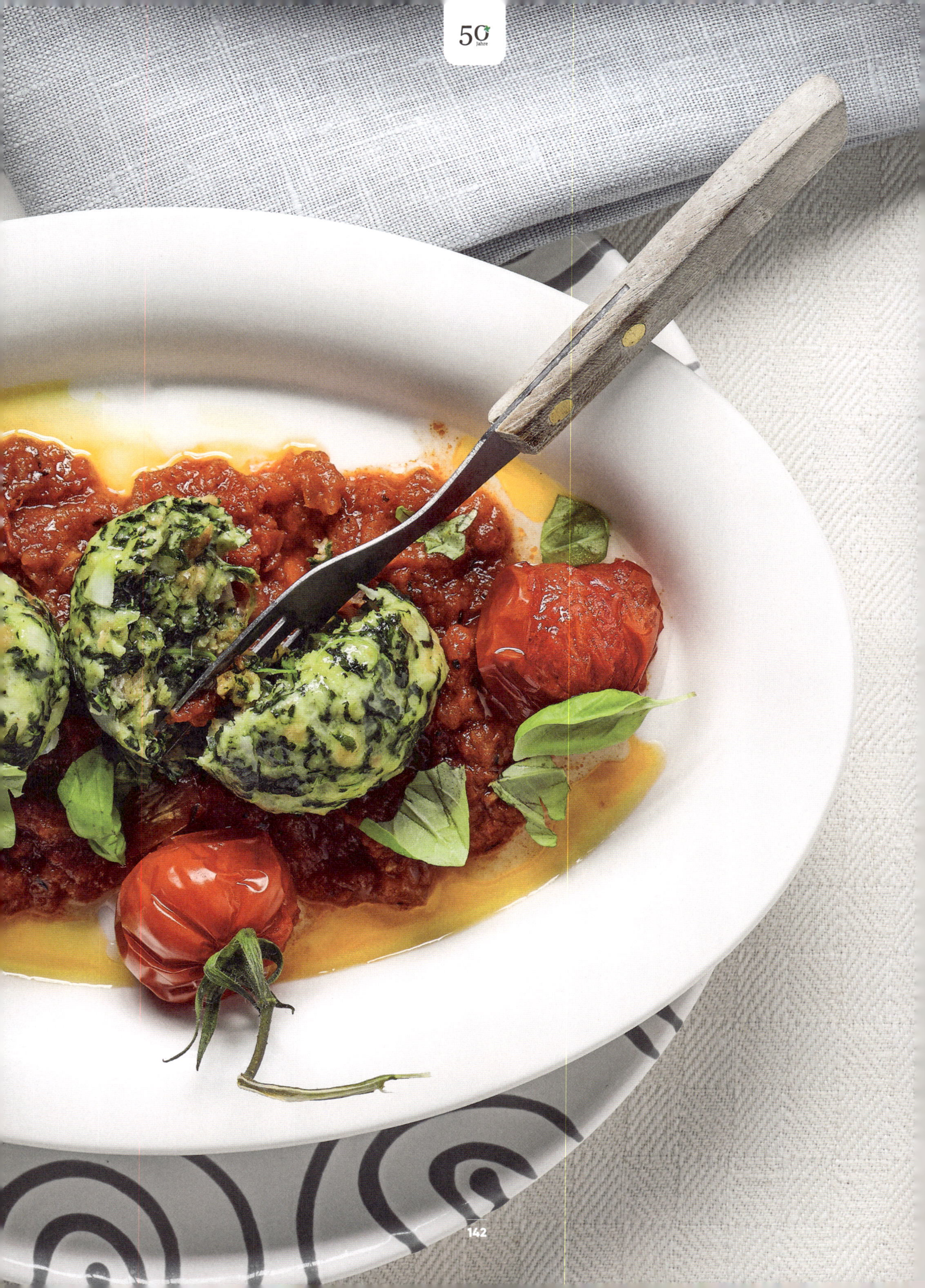

❋ **VARIANTEN**

· *Du kannst die Knödel mit etwas geriebenem Parmesan bestreuen.*
· *Du kannst die übrig gebliebenen Knödel am nächsten Tag in Scheiben schneiden und in Öl anbraten.*

SPINATKNÖDEL
auf
Tomatenragout
(Fortsetzung)

ZUTATEN

Tomatenragout
· 100 g Zwiebeln, halbiert
· 1 Knoblauchzehe
· 20 g Olivenöl und etwas mehr zum Einfetten
· 1 Dose stückige Tomaten (400 g)
· 10 g Tomatenmark
· 1 TL Zucker
· ½ TL Thymian, getrocknet
· ½ TL Salz
· 100 g Wasser
· 250 g Cherry-Tomaten
· 1 TL Basilikum, gehackt

ZUBEREITUNG

5   **Tomatenragout**
Zwiebeln und Knoblauch in den Mixtopf geben, **4 Sek./Stufe 5** zerkleinern und mit dem Spatel nach unten schieben.

6   Öl zugeben und **2 Min./120°C/Stufe 1** dünsten.

7   Tomaten, Tomatenmark, Zucker, Thymian und Salz zugeben und **10 Min./100°C/Stufe 1** dünsten. In dieser Zeit Varoma-Behälter und Einlegeboden einfetten, mit nassen Händen aus dem Knödelteig 12 kleine Knödel formen und im vorbereiteten Varoma-Behälter und auf dem Einlegeboden verteilen.

8   Wasser und Cherry-Tomaten in den Mixtopf zugeben, Varoma aufsetzen und **18 Min./Varoma/ ⟳/Stufe 1** garen. Varoma absetzen.

9   Tomatenragout abschmecken, auf 4 Tellern verteilen, Spinatknödel darauf anrichten, mit Basilikum bestreuen und heiß servieren.

LINSEN-REIS MIT GEBRATENEN Zwiebeln

Dieses Rezept ist in der
Guided-Cooking-Funktion
auf Cookidoo® verfügbar.

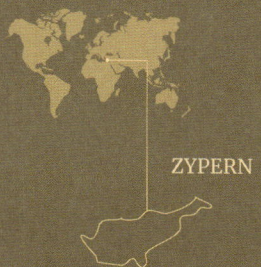

ZYPERN

10 MIN.

45 MIN.

EINFACH

6 PORTIONEN

PRO PORTION

ENERGIEWERTE 1590 KJ/380 KCAL,
EIWEISS 19 G,
KOHLENHYDRATE 57 G,
FETT 12 G

 | TM6

ZUTATEN

- 1400 g Wasser
- 1 geh. TL Gewürzpaste
  für Gemüsebrühe, selbst
  gemacht, oder 1 Würfel
  Gemüsebrühe (für 0,5 l)
- 400 g Linsen, getrocknet
- 100 g Reis (z. B. Carolina)
- 1 TL Salz
- 1 TL Tomatenmark
  (optional)
- 15 g Essig
- 50 g Olivenöl
- 200 g Zwiebeln,
  in Spalten

ZUBEREITUNG

1 — **Rühraufsatz einsetzen.** 1100 g Wasser, Gewürzpaste und Linsen in den Mixtopf geben und **15 Min./100°C/ ⟳ /Stufe 0.5** garen.

2 — Reis, Salz, Tomatenmark, Essig, 10 g Öl und 300 g Wasser zugeben und **15 Min./100°C/ ⟳ /Stufe ⟲** garen. **Rühraufsatz entfernen,** Reis-Linsen-Mischung umfüllen und warm halten.

3 — Restliche 40 g Öl und Zwiebeln in den Mixtopf geben und **Anbraten ⟩⟩⟩ .**

4 — Messbecher einsetzen und **3-4 Sek./Stufe 4.5** zerkleinern.

5 — Die gebratenen Zwiebeln zur Reis-Linsen-Mischung geben, mit dem Spatel vermischen, 5-10 Minuten ruhen lassen, abschmecken und servieren.

Ständiger

mixer

0

I

II

Wandel

Thermomix® bereichert Haushalte bereits seit 50 Jahren. Uwe Kemker war über 35 Jahre in entscheidender Funktion an der stetigen Entwicklung des Thermomix® beteiligt. Als Chefdesigner liefert er faszinierende Einblicke in seine Arbeit im Spannungsfeld zwischen Veränderung und Kontinuität.

Herr Kemker:

Was war in den vergangenen 35 Jahren die größte Veränderung, die von einem Thermomix® Modell zum nächsten vorgenommen wurde?

Definitiv die Digitalisierung der Rezepte beim TM5! Ich kenne das ja auch selbst: Man sieht in einem Kochbuch nach, geht zum Thermomix®, vergisst, was man gelesen hat, und muss wieder zurück zum Kochbuch. Durch den großen Schritt der direkten Einbindung von Rezepten in den Thermomix® haben wir es viel einfacher gemacht, ein Rezept nachzukochen. Das war gleichzeitig das erste große digitale Projekt für Vorwerk, und bis heute kann ich alle, die daran mitgewirkt haben, nur in den höchsten Tönen loben.

Wie hat sich die Zielgruppe im Laufe der Jahre verändert?

Die Zielgruppe des Thermomix® war schon immer sehr breit – anders als beim Kobold, der früher eher von älteren Kund:innen bevorzugt wurde. Thermomix® ist für alle Altersgruppen attraktiv: Junge Familien mit kleinen Kindern, Paare im Ruhestand und inzwischen auch für immer mehr Männer. Viele Kund:innen schätzen insbesondere die Digitalisierung des Thermomix®. Das ist eindeutig der große Vorteil dieses Produkts – es ist eine großartige Bereicherung für alle!

Gibt es ein Thermomix® Modell, auf das Sie besonders stolz sind?

Wenn ich spontan eines hervorheben müsste, wäre es der TM5. Zunächst hatte ich ehrlich gesagt Vorbehalte und war mir nicht sicher, ob es uns wirklich gelingen würde, ein Kochbuch digital zu integrieren. Das stellte auch für Vorwerk absolutes Neuland dar. Aber letztendlich haben wir es geschafft. Und Designer:innen sind immer stolz auf ihre Produkte. Dennoch kommt es manchmal vor, dass einem am Ende der Produktentwicklungsphase plötzlich etwas auffällt, das man bei der nächsten Generation noch besser lösen möchte. Das Streben nach Perfektion ist der Treiber der Innovation.

thermomix

VORWERK

2014

Alles beginnt mit einer Idee, beim Kochen wie beim Staubsaugen.

Auf der Suche nach der richtigen Form

Berücksichtigen Sie Kund:innenfeedback bei der Entwicklung neuer Produkte?

Vorwerk legt großen Wert auf die Meinung seiner Kund:innen. Wir führen Umfragen durch, um herauszufinden, welche Punkte für sie relevant sind und wie ein Thermomix® Modell aus ihrer Perspektive verbessert werden kann. Auch unsere Repräsentant:innen sind ganz nah an unseren Kund:innen – ein Aspekt, der uns deutlich von der Konkurrenz unterscheidet. Unsere Repräsentant:innen sind die ersten, die wir von einem neuen Modell überzeugen müssen, weil sie unsere Kund:innen am besten kennen und wissen, was sie sich wünschen – und sie können mit dem Thermomix® außerdem viel besser umgehen als ich! Ich habe einmal ein Thermomix® Erlebniskochen besucht und war begeistert, wie professionell der Thermomix® vorgeführt wurde. Das sind beispielsweise Erfahrungen, die dann mit in den Entwicklungsprozess einfließen.

Wie wichtig sind Benutzungstests?

Bei einem sehr frühen Produkttest saß der älteste Teilnehmer vor einem Display, auf dem einfach ein Bild des Gerichts dargestellt war. Damals wurde der Thermomix® noch über Tasten bedient. Der Produkttester berührte jedoch immer wieder das Display, um dadurch irgendetwas auszulösen. Das war für uns ein echter Aha-Moment: Befehle müssen über die Touch-Oberfläche gestartet werden. Bei solchen Tests fällt uns übrigens immer wieder auf, dass ältere Menschen viel „digitaler" sind, als wir annehmen. Dessen ungeachtet setzen wir bei der Produktentwicklung immer alles daran, dass all unsere Produkte einfach zu verstehen und zu bedienen sind.

Was macht gute Produktdesigner:innen aus?

Ich habe meinen Mitarbeiter:innen immer vermittelt, dass Designer:innen vielseitiges Interesse an allen Bereichen mitbringen sollten. Architektur, Kunst, Fahrzeug- oder Computertechnik – alle diese Bereiche liefern wichtige Inspirationsquellen. Während meines Kunststudiums (an der Folkwang Universität der Künste) habe ich gelernt, dass die einfache Fokussierung auf das Wesentliche beim Produktdesign von entscheidender Bedeutung ist. Deshalb teile ich auch die Meinung von Steve Jobs: „Think different." Designer:innen sind Expert:innen darin, jedes Detail zu analysieren und alles aus ganz anderen Blickwinkeln zu betrachten, und beobachten sehr genau, wie die Leute mit Geräten umgehen. Das ist eine Möglichkeit zur Entwicklung kreativer Lösungen.

> „Ein Produkttester berührte immer wieder das Display, um dadurch irgendetwas auszulösen. Das war für uns ein echter Aha-Moment."

Alles begann offline im Jahr 1961 mit dem VKM5

... und ging
dann 2015
online
mit dem
Cook-Key®.

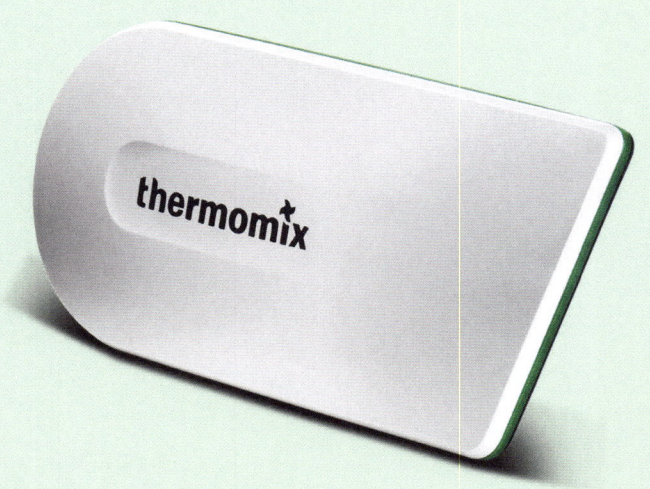

„Grundsätzlich bringt jedes Jahrzehnt seine eigenen Entwicklungen und hat seinen eigenen Charme. Und neue Technologien eröffnen immer neue Möglichkeiten."

Welche technologischen Trends sind für das nächste Thermomix® Modell interessant und relevant?

Natürlich ist das Thema Sprachsteuerung hoch-interessant. Die Technologie muss allerdings so gut entwickelt sein, dass alle Befehle richtig verstanden werden. Auch die Suche nach Rezepten per Sprachsteuerung kann sehr praktisch sein. Einen weiteren spannenden Trend sehe ich beim Thema Konnektivität, d. h. beim Vernetzen unterschiedlicher Geräte. Wir untersuchen gerade aber noch eingehender, wie genau wir durch die Verbindung des Thermomix® mit anderen Geräten einen Mehrwert schaffen können.

Smart Homes, das Internet der Dinge – welchen Einfluss haben technische Entwicklungen (im Vergleich zu früher) auf das tägliche Leben?

Das Thema Smart Homes scheint unbegrenzte Möglichkeiten mit sich zu bringen – doch nicht alles ist wirklich nützlich oder passt zum Produkt. Der interaktive Thermomix® ist kein Roboter, der alles allein erledigt. Grundsätzlich bringt jedes Jahrzehnt seine eigenen Entwicklungen und hat seinen eigenen Charme. Und neue Technologien eröffnen immer neue Möglichkeiten. In meinem gesamten Berufsleben war es immer mein Ziel, neue Entwicklungen mit dem bereits Vorhandenen zu kombinieren.

Wie erklären Sie sich den langfristigen Erfolg des Thermomix®?

Der Thermomix® wurde einem kontinuierlichen Innovationsprozess unterzogen – man kann ihn fast als „lebendes Gerät" bezeichnen. Von der Integration der Kochfunktion in einen Mixer, später ergänzt durch die Waage, bis hin zur Entwicklung des Varoma®: Das alles waren für sich gesehen immens innovative Schritte. Gleiches gilt für die Einbindung eines Kochbuchs in ein Küchengerät. Smart Home bereitet den Weg für viele weitere Innovationen. Es ist dabei aber wichtig, dass eine Innovation wirklich sinnvoll ist und sie das Produkt tatsächlich optimiert. Wir wollen nicht, dass die Essenz des Produkts verloren geht.

Gutes Design verdient immer eine Auszeichnung. Oder zwei. Oder drei!

Chilenischer
MAISAUFLAUF

✳ **TIPP**

Für einen weniger süßen
Maisauflauf reduziere die
Zuckermenge im 6. Schritt.

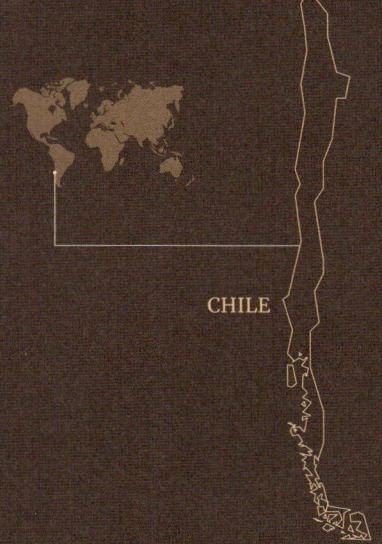

CHILE

10 MIN.　　　1 STD.

EINFACH　　　6 PORTIONEN

PRO PORTION　　ENERGIEWERTE 223 KJ/53 KCAL,
EIWEISS 1 G,
KOHLENHYDRATE 8 G,
FETT 2 G

ZUTATEN

- 1000 g Mais, TK
- 6 Basilikumblätter, frisch
- 450 g Zwiebeln, halbiert
- 50 g Olivenöl und etwas mehr zum Einfetten
- 1–2 TL Paprika edelsüß
- 2 TL Salz
- 45 g Zucker und etwas mehr zum Bestreuen
- 100 g Milch
- 1 Prise Pfeffer

NÜTZLICHES ZUBEHÖR

Auflaufform (23 x 30 cm)

ZUBEREITUNG

1 500 g Mais und 3 Basilikumblätter in den Mixtopf geben, **40 Sek./Stufe 5-10 schrittweise ansteigend** pürieren und umfüllen.

2 Die restlichen 500 g Mais und 3 Basilikumblätter in den Mixtopf geben, **40 Sek./Stufe 5-10 schrittweise ansteigend** pürieren und zu dem bereits zerkleinerten Mais geben.

3 Zwiebeln in den Mixtopf geben, **5 Sek./Stufe 5** zerkleinern und mit dem Spatel nach unten schieben.

4 Öl und Paprika zugeben und **8 Min./120°C/Stufe 1** dünsten, dann anstelle des Messbechers Gareinsatz als Spritzschutz auf den Mixtopfdeckel stellen und weitere **4 Min./120°C/Stufe 1** dünsten.

5 Mischung gut mit dem Spatel vermischen und **15 Min./90°C/Stufe 1** garen. In dieser Zeit eine Auflaufform (23 x 30 cm) einfetten und Backofen auf 220°C vorheizen.

6 Salz, Zucker, Milch, zerkleinerten Mais und Pfeffer in den Mixtopf zugeben und **7 Min./90°C/Stufe 1** garen.

7 Mais-Mischung in die vorbereitete Auflaufform geben, mit Zucker bestreuen, 15 Minuten (220°C) backen und als Beilage servieren.

DER GESCHMACK DER JAHRZEHNTE

Die
2000er

Die Globalisierung wird zum Schlagwort für die wirtschaftliche Entwicklung weltweit. Klimaerwärmung und Klimawandel sind ab der zweiten Hälfte des Jahrzehnts überall heftig diskutierte Themen. Und dazwischen? Wird's digitaler: Digitalkameras und Flachbildschirme halten Einzug in unser Leben. Der erste iPod revolutioniert, wie wir Musik hören. Und ein Junge namens Harry Potter verzaubert uns genauso wie das iPhone. Und der Thermomix®? Der bekommt viele neue Knöpfe und Funktionen, eine LCD-Anzeige, den Linkslauf sowie die Sanftrührstufe des Messers, um noch variantenreicher zu kochen.

2004
TM31

Das Br

Eine
gemeinsame
Sprache

miteinand

teil

Das Mischen von Mehl und Wasser mag einfach ein Zufall gewesen sein ... wie so viele andere Dinge, die in der Küche passieren und zu außergewöhnlichen Kombinationen führen. Rund oder lang, als dicker Laib oder flach, hell oder dunkel, dampfgegart oder gebacken, aus Weizen, Mais oder Roggen – Brot gibt es in vielen verschiedenen Formen und sprachlichen Ausdrücken. Dabei ist Brot vielleicht das Essen, das uns am meisten miteinander verbindet und das wir so leicht teilen können. Ob das Pausenbrot, das wir auf dem Schulhof teilen, das Fladenbrot, das wir mit Dips und Aufstrichen genießen, oder das frisch gebackene Brot, das die gesamte Familie mit seinem unwiderstehlichen Duft an den Tisch zieht.

Mehl + Wasser = Brot

Zurück zu den Grundlagen

Wenn die ganze Welt an einem Tisch zusammenkäme, wäre Brot sicherlich eine großartige Vorspeise – eine gemeinsame Sprache, trotz einiger Unterschiede. Die gleichen Grundzutaten werden zu Broten geformt, die ein wichtiger Bestandteil der gastronomischen Identität jeder Kultur sind. Die Rituale des Zubereitens, Backens und Genießens von Brot sind allerdings unterschiedlich! Mancherorts wird Brot üblicherweise in einem Holzofen gebacken. In anderen Regionen wird ein zylindrischer Ofen, wie der *Tandur*, verwendet. In manchen Gebieten wird Brot gedämpft. In manchen Ländern ist Weizen das hauptsächlich genutzte Getreide und in anderen, wie in Mexiko, ist Mais die Hauptzutat.

Während in vielen Regionen dicke Brotlaibe aus Sauerteig an erster Stelle stehen, ist in anderen Regionen dünnes, flaches Brot vorherrschend. In Deutschland gibt es die Brezel oder die *Roggenbrötchen (Bürli mit Roggen)* (siehe Rezept auf Seite 168). In Frankreich gehören das berühmte *Baguette*, ein dünnes und langes, luftiges Brot mit einer knusprigen Kruste, zu den kulinarischen Highlights. In Irland gibt es das *Irische Buttermilchbrot*, ein schnelles Brot, bei dem Natron anstelle von Hefe als Backtriebmittel verwendet wird (siehe Rezept auf Seite 166). Und in Italien gibt es das traditionelle *Ciabatta*, ein Bauernbrot mit vielen Luftblasen in der Mitte. Indien ist bekannt für sein *Naan*-Brot. In der Türkei gibt es *Tam buğdaylı pide* – ein flaches Brot mit einer luftigen, mit Sesam bestreuten Krume (siehe Rezept auf Seite 172). Es gibt auch süße Brote wie das polnische *Challah*, ein Brot, das mit Streuseln bestreut wird (siehe Rezept auf Seite 176). Und dann gibt es die traditionellen *chinesischen Dampfbrötchen* (siehe Rezept auf Seite 174), die gedämpft werden und herrlich weiß und fluffig sind. Weltweit gibt es viele verschiedene Brotsorten. Alle erzählen eine Geschichte, die eng mit der in der Region vorhandenen Getreideart, den dortigen Backverfahren, Sitten und Bräuchen sowie dem generellen lokalen Essenserlebnis verknüpft ist.

In der Vergangenheit (und in einigen Regionen noch heute) wurde Brot vollständig von Hand hergestellt – angefangen vom Mahlen des Weizens über die Zubereitung des Teigs bis zum Kneten und Backen in einem Holzofen. Inzwischen gibt die Welt ein neues Tempo vor, sodass viele einfach keine Zeit mehr für diesen Prozess haben. Wie viele andere Lebensmittel wird auch Brot als Reaktion auf die Anforderungen der schnelllebigen Zeit industriell hergestellt. Doch seit einiger Zeit liegt das Brotbacken wieder voll im Trend. Und dank der technischen Weiterentwicklung können wir köstliche und authentische Brote problemlos in der eigenen Küche zubereiten. Gleiches gilt für die neu gewonnene Wertschätzung von leckerem, selbst zubereitetem Essen, das man mit seinen Freund:innen und Liebsten am heimischen Tisch genießt, während man dabei über die Geschehnisse des Tages spricht. Es ist die Kraft des Essens, die uns vereint – wie zu Beginn der Zeit, als wir Menschen noch um das Feuer saßen. Essen hält uns am Leben; doch glücklich macht es uns, wenn wir „unser Brot" teilen. Damals. Heute. Für immer.

Mögen das Brot und viele andere Lebensmittel, die wir mit Liebe zubereiten und kochen, der Startpunkt für viele Momente des Teilens sein.

Damals. Heute.
Für immer.

Die Kraft des Brotteilens.

Von der Vergangenheit bis zur Gegenwart.

Für frühere Generationen war die Brotherstellung eine Lebensgrundlage. Alles begann nachts. Sie krempelten die Ärmel hoch und schlugen den Teig immer wieder kräftig, bis er perfekt war. Dann mussten sie ihm Zeit geben, damit er in Ruhe gehen konnte. Über Nacht und bis in die frühen Morgenstunden ging der Teig in großen Schüsseln, die mit Tüchern und Decken zugedeckt waren, auf. So war sichergestellt, dass die richtige Temperatur aufrechterhalten wurde, ohne die Kälte hereinzulassen. Bei Sonnenaufgang am nächsten Tag wurde der Holzofen angemacht und gewartet, bis er die perfekte Glut hatte. Dann legte man das wohlgeformte Brot in den Ofen. Langsam zog der Duft von frischem Brot durch das Dorf und kündigte an, dass es bald fertig sein würde.

Das Brot reichte für mehrere Tage, für eine oder mehrere Familien. Und jeder war dankbar.

Heute ist die Erfahrung, Brot selbst zu backen, noch immer sehr lebendig. Denn manche Dinge ändern sich nicht. Frisches warmes Brot wird immer den gleichen Reiz haben! Inzwischen ist das Interesse am Brotbacken wieder gewachsen – angefangen bei handwerklich hergestellten Mehlsorten, über lange Fermentationsprozesse bis hin zur Renaissance des Sauerteigs.

Selbst Brot zu backen, liegt voll im Trend. Heute gibt es zahlreiche Mehlsorten und viele Getreidealternativen zu Weizen, wie Dinkel, Roggen, Buchweizen usw. Dank technologischer Fortschritte kann der gesamte Prozess der Brotherstellung vereinfacht werden. Mithilfe des Thermomix® kannst du dein Brot mit minimalem Aufwand kneten und den Teig bei idealer Temperatur fermentieren, damit er aufgehen kann. Mit Thermomix® ist es ganz einfach, köstliche Brote wieder nach alter Tradition zu backen. Das Erlebnis, mit Freund:innen und der Familie gemeinsam am Tisch zu sitzen und frisches, selbst gebackenes Brot zu kosten, ist einfach unbezahlbar.

Und weil sich einige Dinge nicht geändert haben, kochen wir immer noch mit der gleichen Hingabe und möchten das selbst zubereitete Essen immer noch mit unseren Liebsten teilen. Nach wie vor ist der Esstisch ein Ort, an dem wunderbare Dinge passieren können. Wir sprechen miteinander, wir öffnen uns, wir lachen zusammen. Das ist das Schönste an gemeinsamen Mahlzeiten!

HINTERGRUND-INFORMATION

Dieses Brot ist schnell zubereitet, da anstelle von Hefe Natron als Triebmittel verwendet wird. Es gibt viele verschiedene Variationen des Brots in Irland. Es schmeckt besonders gut mit Butter und Marmelade oder als Beilage zu Suppen.

IRISCHES
Buttermilchbrot

GROSSBRITANNIEN

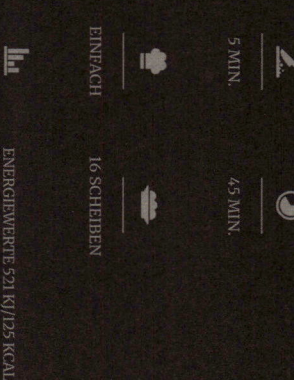

5 MIN. 45 MIN.

EINFACH 16 SCHEIBEN

PRO SCHEIBE

ENERGIEWERTE 521 KJ/125 KCAL, EIWEISS 5 G, KOHLENHYDRATE 25 G, FETT 1 G

ZUTATEN

- 250 g Weizenmehl Type 405 und etwas mehr zum Bearbeiten
- 250 g Weizen-Vollkornmehl
- 1½ TL Salz
- 1½ TL Natron
- 450 g Buttermilch

NÜTZLICHES ZUBEHÖR

Backblech, Kuchengitter

ZUBEREITUNG

1 — Backofen auf 200°C vorheizen und ein Backblech bemehlen.

2 — Weizenmehl Type 405, Weizen-Vollkornmehl, Salz und Natron in den Mixtopf geben und **5 Sek./Stufe 5** vermischen.

3 — Buttermilch zugeben und **25 Sek./Stufe 5.5** kneten. Teig auf eine bemehlte Arbeitsfläche geben, zu einer Kugel formen und auf das vorbereitete Backblech legen.

4 — Brotlaib bemehlen, die Oberseite mit einem scharfen Messer kreuzweise einschneiden und 25–35 Minuten (200°C) backen. Brot auf einem Kuchengitter abkühlen lassen, in Scheiben schneiden und servieren.

Es geht nichts über frische ...

BÜRLI mit Roggen

15 MIN.

12 STD.

EINFACH

12 STÜCK

PRO STÜCK

ENERGIEWERTE 611 KJ/146 KCAL,
EIWEISS 5 G,
KOHLENHYDRATE 30 G

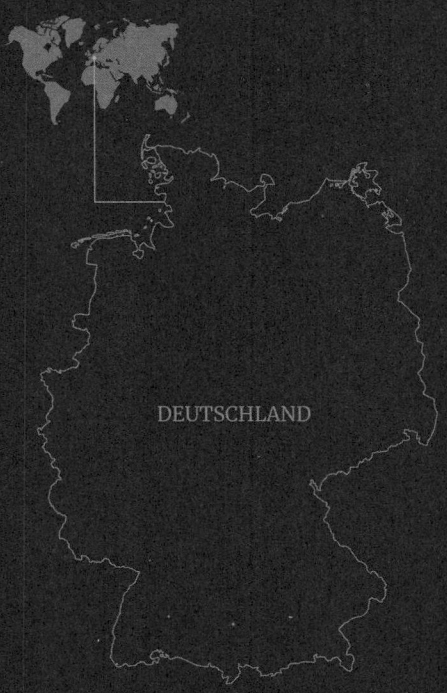

DEUTSCHLAND

ZUTATEN

- 400 g Weizenmehl
  Type 405 oder 550
  und etwas mehr
  zum Bemehlen
- 100 g Roggenmehl
  Type 1150
- ½ Würfel Hefe (20 g)
- 340 g Wasser
- 1½–2 TL Salz

NÜTZLICHES ZUBEHÖR

Frischhaltefolie,
Backblech, Backpapier,
Kuchengitter

ZUBEREITUNG

1   Weizenmehl, Roggenmehl, Hefe, Wasser und Salz in den Mixtopf geben, **Teig** / 3 Min. kneten, Teig in eine große Schüssel geben, mit Frischhaltefolie abdecken und mindestens 10-12 Stunden, am besten über Nacht, im Kühlschrank gehen lassen.

2   Backofen auf 250°C vorheizen. Ein Backblech mit Backpapier belegen.

3   Teig aus dem Kühlschrank nehmen, leicht bemehlen, mit einem Löffel 12 Portionen abstechen und auf das vorbereitete Backblech legen. Bürli 20 Minuten (250°C) sehr kross backen, auf einem Kuchengitter abkühlen lassen und servieren.

Variante
Du kannst auch den ganzen
Teig auf das Backblech
geben, zu einem Laib formen
und ein Brot daraus backen.
Dann verlängert sich die
Backzeit um ca. 10 Minuten.

15 MIN.

1 STD. 30 MIN.

MITTEL

20 STÜCK

PRO STÜCK

ENERGIEWERTE 640 KJ/153 KCAL,
EIWEISS 7 G,
KOHLENHYDRATE 21 G,
FETT 5 G

Rezeptvideo
ansehen:

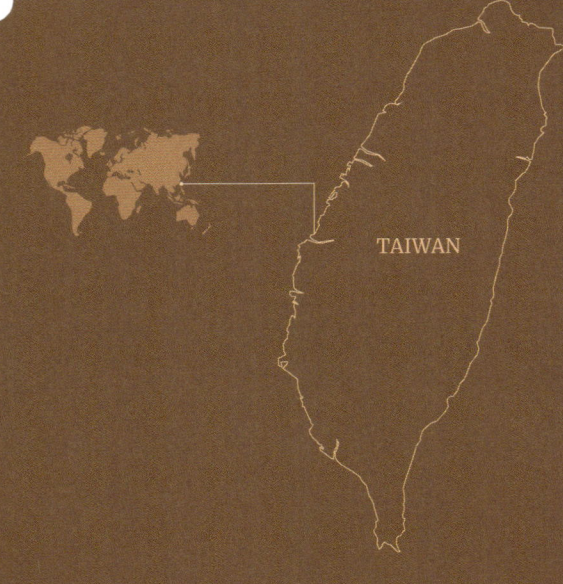

TAIWAN

ZUTATEN

Fleischfüllung
- 400 g Schweinehackfleisch
- 1 TL Salz
- 15 g Zucker
- ½ TL weißer Pfeffer
- 1 TL Sesamöl
- 15 g Sojasauce
- 50 g Wasser

Teig und Fertigstellung
- 350 g Wasser
- 15 g Zucker
- 1 TL Trockenhefe
- 500 g Mehl und etwas mehr zum Bearbeiten
- ½ TL Salz
- 2 EL Öl
- 1 TL schwarzer Sesam
- 15 g Frühlingszwiebel, in feinen Ringen

NÜTZLICHES ZUBEHÖR

Nudelholz, Pfanne

ZUBEREITUNG

1 — Fleischfüllung
Hackfleisch, Salz, Zucker, Pfeffer, Sesamöl, Sojasauce und Wasser in den Mixtopf geben und **20 Sek./Stufe 3** vermischen, dann **Teig ⚙/1 Min.** kneten, in eine Schüssel umfüllen und bis zur Verwendung im Kühlschrank aufbewahren. Mixtopf spülen.

2 — Teig und Fertigstellung
250 g Wasser, Zucker und Hefe in den Mixtopf geben und **2 Min./37°C/Stufe 1** erwärmen.

3 —
Mehl, Salz und 1 EL Öl zugeben und **Teig ⚙/3 Min.** kneten. Teig in eine Schüssel umfüllen und abgedeckt 30 Minuten ruhen lassen.

4 —
Teig in 20 Stücke (à ca. 35 g) teilen und jedes Teigstück auf einer leicht bemehlten Arbeitsfläche rund ausrollen (ca. Ø 7 cm), dabei die Ränder etwas dünner ausrollen als die Mitte. 2 geh. TL der Füllung in die Mitte jedes Teigkreises geben, den Teig nach oben über die Füllung ziehen, Teig zudrehen und Teigtaschen 15 Minuten ruhen lassen.

5 —
1 EL Öl in einer Pfanne mit Deckel auf dem Herd erhitzen, Teigtaschen hineingeben, Deckel aufsetzen und bei geringer Hitze anbraten, bis die Unterseite goldbraun ist. 50 g Wasser zugeben, Deckel aufsetzen und dünsten, bis das Wasser aufgesogen ist (ca. 5 Minuten). Restliche 50 g Wasser zugeben, Deckel erneut aufsetzen und dünsten, bis das Wasser aufgesogen ist (ca. 5 Minuten). Deckel abnehmen, Teigtaschen mit schwarzem Sesam und Frühlingszwiebeln bestreuen, 1 Minute in der Pfanne garen und heiß servieren.

Gebratene Teigtaschen mit SCHWEINEFLEISCH

❋ VARIANTE

Die gebratenen Teigtaschen können zum späteren Verzehr ungegart eingefroren werden.

Vollkorn–
FLADENBROT

- 350 g Wasser und etwas mehr zum Bestreichen
- 10 g Trockenhefe
- 1 TL Honig
- 150 g Weizenmehl Type 405 und etwas mehr zum Bearbeiten
- 350 g Weizen-Vollkornmehl
- 1¼ TL Salz
- 1 Eigelb
- 1 TL Schwarzkümmel-Samen

NÜTZLICHES ZUBEHÖR

2 Backbleche, Backpapier, Geschirrtuch, Backpinsel

ZUBEREITUNG

1 .... 350 g Wasser, Hefe und Honig in den Mixtopf geben und **2 Min./40°C/Stufe 1** erwärmen. In dieser Zeit 2 Backbleche mit Backpapier belegen und bemehlen.

2 .... Weizen-Vollkornmehl, Weizenmehl und Salz in den Mixtopf zugeben und **Teig ᛉ/ 5 Min.** kneten. Teig auf eine bemehlte Arbeitsfläche geben, in 2 gleich große Stücke teilen und jeweils zu einer Kugel formen. Teigkugeln auf die vorbereiteten Backbleche legen, mit einem feuchten Geschirrtuch abdecken und 45 Minuten an einem warmen Ort gehen lassen, bis sich das Volumen verdoppelt hat.

3 .... Teigkugeln bemehlen, mit den Händen zu Fladen (ca. Ø 22 cm) formen, mit einem feuchten Geschirrtuch abdecken und weitere 1-2 Stunden an einem warmen Ort gehen lassen. Am Ende dieser Zeit Backofen auf 240°C vorheizen.

4 .... 2 TL Wasser und Eigelb verquirlen, die Teigfladen damit bestreichen und ein Gittermuster in die Fladen eindrücken. Teigfladen mit Schwarzkümmel-Samen bestreuen, nacheinander 13-14 Minuten (240°C) backen und servieren.

15 MIN.

1 STD. 30 MIN.

MITTEL

8 PORTIONEN

PRO PORTION

ENERGIEWERTE 1277 KJ/305 KCAL,
EIWEISS 13 G,
KOHLENHYDRATE 57 G,
FETT 3 G

CHINA

 TM6

ZUTATEN

Teig
- 240 g Wasser
- 5 g Trockenhefe
- 10 g Puderzucker
- 500 g Mehl
- ¼ TL Salz

Sojadrink und Fertigstellung
- 1250 g Wasser
- 100 g Sojabohnen, gelb, getrocknet, mind. 4 Std. eingeweicht und abgetropft (Abtropfgew. ca. 200 g)
- ½ TL Öl
- 50 g Puderzucker

ZUBEREITUNG

1 — **Teig**
Wasser, Hefe und Puderzucker in den Mixtopf geben und **2 Min./37°C/Stufe 3** erwärmen.

2 — Mehl zugeben und **Pürieren ⊗/30 Sek.**

3 — Salz zugeben und **Teig ⚘/2 Min.** kneten. Teig in 16 Stücke teilen, zu Kugeln formen, im Varoma-Behälter und auf dem Einlegeboden verteilen, dabei darauf achten, dass zwischen den Kugeln genügend Platz ist. Varoma verschließen und Teig an einem warmen Ort 40 Minuten gehen lassen. In dieser Zeit Mixtopf spülen.

4 — **Sojadrink und Fertigstellung**
650 g Wasser, Sojabohnen und Öl in den Mixtopf geben, Varoma aufsetzen und **26 Min./Varoma/Stufe ⚘** garen. Varoma absetzen.

5 — Messbecher einsetzen und **Pürieren ⊗/3 Min.**

6 — 600 g Wasser und Puderzucker zugeben, **10 Sek./Stufe 3** vermischen und Dampfbrötchen mit Sojadrink servieren.

SÜSSE
DAMPFBRÖTCHEN
mit Sojadrink

✳ TIPPS

· Wenn du nicht alle Brötchen auf einmal
dämpfen möchtest, kannst du sie bis
zu 24 Stunden im Kühlschrank lagern.
Für eine längere Lagerung bewahre die
Brötchen bis zur weiteren Verwendung im
Gefrierfach auf.
· Je nach verwendetem Mehl muss die
Wassermenge ggf. angepasst werden.

STREUSELZOPF

POLEN

15 MIN. 1 STD. 30 MIN.

EINFACH 2 STÜCK

PRO STÜCK ENERGIEWERTE 7202 KJ/1720 KCAL,
EIWEISS 42 G,
KOHLENHYDRATE 241 G,
FETT 67 G

ZUTATEN

Streusel
- 30 g Mehl
- 20 g Zucker
- 25 g Butter, in Stücken

**Hefeteig und
Fertigstellung**
- 2 Eier, davon 1 Ei
  verquirlt
- 2 Eigelb
- 100 g Butter, in Stücken
- 50 g Zucker
- 1 TL Vanillezucker,
  selbst gemacht
- 1 Würfel Hefe (40 g)
- 150 g Milch
- 500 g Mehl
- 1 TL Salz

NÜTZLICHES ZUBEHÖR

Backblech, Backpapier,
Backpinsel

ZUBEREITUNG

1 ⸺ Streusel
Mehl, Zucker und Butter in den Mixtopf geben, **10 Sek./Stufe 4** vermischen, umfüllen und bis zur weiteren Verwendung im Kühlschrank aufbewahren.

2 ⸺ Hefeteig und Fertigstellung
1 Ei, Eigelb, Butter, Zucker, Vanillezucker, Hefe und Milch in den Mixtopf geben und **4 Min./37°C/Stufe 2** erwärmen.

3 ⸺
Mehl und Salz zugeben, **Teig 🌾/3 Min.** kneten und 30 Minuten gehen lassen. In dieser Zeit ein Backblech mit Backpapier belegen.

4 ⸺
Teig in 6 gleich große Stücke teilen und jeweils zu einem Strang rollen (ca. 20 cm lang). 3 Teigstränge an einem Ende zusammenfügen, dann zu einem Zopf flechten und auf das vorbereitete Backblech legen. Mit den anderen 3 Teigsträngen genauso verfahren, dabei darauf achten, dass zwischen den beiden Zöpfen genügend Platz bleibt, und an einem warmen Ort ca. 15 Minuten gehen lassen. In dieser Zeit Backofen auf 180°C vorheizen.

5 ⸺
Hefezöpfe mit verquirltem Ei bestreichen, mit den Streuseln bestreuen und 20–25 Minuten (180°C) backen. Streuselzopf in Scheiben schneiden und z. B. mit Butter und Marmelade servieren.

5 MIN.

10 MIN.

EINFACH

6 GLÄSER

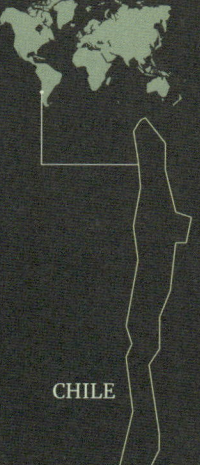

CHILE

x

PRO GLAS

ENERGIEWERTE 169 KJ/41 KCAL,
KOHLENHYDRATE 4 G

Varianten
- *Für einen Ingwer-Pisco-Sour füge im 1. Schritt ein Stück frischen geschälten Ingwer hinzu.*
- *Füge im 1. Schritt frische Basilikum- oder Minzblätter hinzu.*

ZUTATEN

- 130 g Zucker
- 150 g Limetten, unbehandelt (ca. 7–10 Stück), filetiert
- 300 g Eiswürfel
- 400 g Pisco
- 1 Eiweiß (optional)

ZUBEREITUNG

1 Zucker in den Mixtopf geben und **15 Sek./Stufe 8** pulverisieren.

2 Limetten zugeben und **15 Sek./Stufe 8** zerkleinern.

3 Eiswürfel zugeben und **15 Sek./Stufe 5-8 schrittweise ansteigend** pürieren.

4 Pisco und Eiweiß zugeben, **1 Min./Stufe 8-10 schrittweise ansteigend** pürieren, in eine Karaffe umfüllen und servieren.

PISCO
Sour

DER GESCHMACK DER JAHRZEHNTE

Die

10er

Die Welt per Fingertipp!

2014
TM5

2019
TM6

Die 2010er sind noch nicht allzu lange her, aber sie haben ihre Spuren auf der Welt hinterlassen. Wir bedienen unsere alltäglichen Geräte per Touchscreens. Die erste Generation der „Touch Natives" versucht, gedruckte Fotos mit zwei Fingern zu vergrößern. Apps sind auf dem Vormarsch. Design wird intuitiv. Und Thermomix® ist mit dem Thermomix® TM5 mit Cook-Key ganz vorne mit dabei, gefolgt vom fortschrittlichen TM6 mit integriertem WLAN und Step-Videos. Grenzenlose Möglichkeiten!

GOLDTRÖPFCHEN–
Käsekuchen

✳ TIPPS

· Nach dem Backen sollte das Baiser nur leicht gebräunt sein, nicht dunkelbraun. Die Temperatur des Backofens muss beim Backen ggf. angepasst werden.

· Während des Abkühlens entstehen tauähnliche Tröpfchen auf der Oberfläche des Käsekuchens.

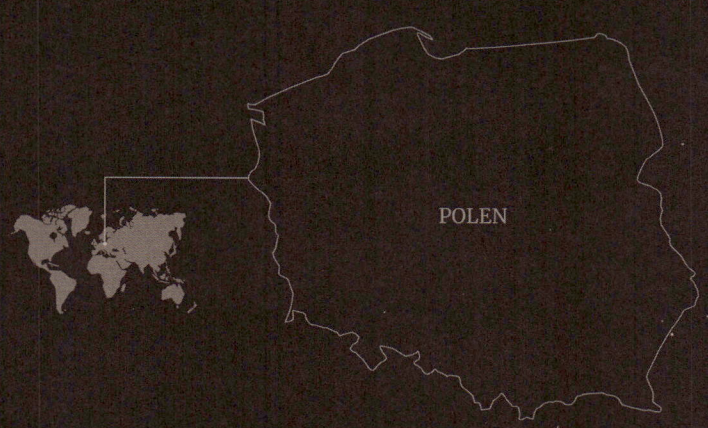

POLEN

20 MIN.

3 STD. 30 MIN.

MITTEL

24 STÜCKE

PRO STÜCK

ENERGIEWERTE 1021 KJ/244 KCAL,
EIWEISS 10 G,
KOHLENHYDRATE 24 G,
FETT 12 G

ZUTATEN

Kuchenboden
- 125 g Butter, in Stücken, und etwas mehr zum Einfetten
- 30 g Zucker
- 1 Ei
- 1 Eigelb
- 250 g Mehl und etwas mehr zum Bearbeiten
- 1 TL Backpulver

Käsekuchen und Fertigstellung
- 5 Eier, getrennt
- 1000 g Quark
- 350 g Zucker
- 80 g Vanillepuddingpulver
- 650 g Milch
- 120 g Öl
- 1 Prise Salz

NÜTZLICHES ZUBEHÖR

rechteckige Backform
(ca. 40 x 24 x 6 cm),
Nudelholz

ZUBEREITUNG

1 **Kuchenboden**
Backofen auf 180°C vorheizen. Eine rechteckige Backform (ca. 40 x 24 x 6 cm) einfetten.

2 Butter, Zucker, Ei, Eigelb, Mehl und Backpulver in den Mixtopf geben und **Teig ⚜/1 Min.** kneten. Teig auf eine bemehlte Arbeitsfläche geben, auf die Größe der Backform ausrollen und den Boden der vorbereiteten Form damit auslegen.

3 **Käsekuchen und Fertigstellung**
Eigelb, Quark, 250 g Zucker, Puddingpulver, Milch und Öl in den Mixtopf geben und **3 Min./Stufe 6** verrühren. Mischung in die Backform geben und 50 Minuten (180°C) backen. In dieser Zeit Mixtopf spülen und mit dem Rezept fortfahren.

4 100 g Zucker in den Mixtopf geben, **10 Sek./Stufe 10** pulverisieren und Puderzucker umfüllen.

5 **Rühraufsatz einsetzen**. Eiweiß und Salz in den Mixtopf geben und **1 Min. 30 Sek./Stufe 3** aufschlagen.

6 Dann ohne Messbecher **1 Min. 30 Sek./Stufe 3** aufschlagen, dabei nach und nach den Puderzucker durch die Mixtopfdeckelöffnung auf das laufende Messer zugeben. **Rühraufsatz entfernen.**

7 Kuchen mit der Baisermischung bestreichen und weitere 10 Minuten (180°C) backen (siehe Tipp). Käsekuchen mindestens 2 Stunden abkühlen lassen, in 24 Stücke schneiden und servieren.

TARTE
Tatin

✱ TIPPS

- Der Zitronensaft verhindert, dass das Karamell kristallisiert oder anbrennt, ohne dabei den Geschmack zu verändern.
- Beim erstmaligen Gebrauch die Auflaufform „Anna" einfetten (siehe Nutzungshinweise). Die Form bildet bei Gebrauch eine natürliche Antihaftschicht und sorgt dafür, dass das Gargut nicht an der Form anhaftet und sich einfach vom Steingut lösen lässt.
- Anstelle der Auflaufform „Anna" kannst du auch eine runde, unten geschlossene Auflaufform (Ø 26–28 cm) verwenden.

Dieses Rezept ist in der Guided-Cooking-Funktion auf Cookidoo® verfügbar.

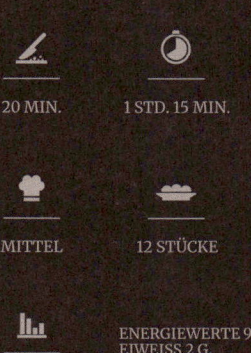

20 MIN. 1 STD. 15 MIN.

MITTEL 12 STÜCKE

ENERGIEWERTE 992 KJ/245 KCAL,
EIWEISS 2 G,
KOHLENHYDRATE 29 G,
FETT 12 G

PRO STÜCK

FRANKREICH

Rezeptvideo
ansehen:

 TM6

ZUTATEN

Teig
- 200 g Mehl und etwas
  mehr zum Bearbeiten
- 100 g Butter, in Stücken
- 70 g Wasser, kalt
- 1 Prise Salz

**Karamell und
Fertigstellung**
- 150 g Zucker
- 70 g Butter, in Stücken,
  und etwas mehr zum
  Einfetten
- 1030 g Wasser
- 1 TL Zitronensaft
- 4 Äpfel
- 1 EL Essig

NÜTZLICHES ZUBEHÖR

Frischhaltefolie,
Auflaufform „Anna",
Nudelholz

ZUBEREITUNG

1 — Teig
Mehl, Butter, Wasser und Salz in den Mixtopf geben und **20 Sek./Stufe 4** vermischen.
Teig zu einem Quadrat formen, in Frischhaltefolie wickeln und bis zur Verwendung im
Kühlschrank aufbewahren. Mixtopf spülen.

2 — Karamell und Fertigstellung
Damit die Karamell-Rezepte gelingen, sind die Mengen und Beschreibungen der Zutaten
exakt einzuhalten. Nach dem Einwiegen der Zutaten in den Mixtopf muss das Rezept ohne
Zeitverzögerung durchgeführt werden.

3 —
Zucker, Butter, 30 g Wasser und Zitronensaft in den Mixtopf geben und **Zucker
karamellisieren** . In dieser Zeit Backofen auf 220°C vorheizen, die Auflaufform „Anna"
einfetten, Äpfel schälen, vierteln und jedes Viertel in zwei Hälften schneiden.

4 —
Sobald das Karamell fertig ist, in der vorbereiteten Form verteilen.

5 —
Essig und 1000 g Wasser in den Mixtopf geben und **Vorspülen** . In dieser
Zeit Apfelstücke auf dem Karamell verteilen.

6 —
Teig auf einer leicht bemehlten Arbeitsfläche zu einem Kreis (Ø ca. 27 cm)
ausrollen, auf die Äpfel legen und an den Rändern so einstecken, dass die Äpfel
bedeckt sind.

7 —
Tarte mit einer Gabel einstechen und 20–30 Minuten (220°C) goldbraun
backen. Tarte Tatin ca. 15 Minuten in der Form abkühlen lassen, damit sich das Karamell
etwas festigt, auf eine Servierplatte stürzen, leicht auskühlen lassen und warm oder kalt
z. B. mit Vanilleeis servieren.

10 MIN.

1 STD. 10 MIN.

EINFACH

10 STÜCKE

PRO STÜCK

ENERGIEWERTE 1683 KJ/402 KCAL,
EIWEISS 4 G,
KOHLENHYDRATE 39 G,
FETT 26 G

GROSSBRITANNIEN

Variante
Schokoladenbiskuit: Verwende
im 3. Schritt nur 120 g Mehl und
gib 50 g Kakao zu.

ZUTATEN

Biskuit
- 170 g Butter, in Stücken, und etwas mehr zum Einfetten
- 170 g Zucker
- 3 Eier
- 170 g Mehl
- 1 TL Backpulver
- 1 TL Natron
- 1 TL Vanilleextrakt (optional)

Füllung und Fertigstellung
- 100 g Konfitüre, nach Geschmack
- 200 g Sahne
- 150 g Beeren, gemischt, frisch
- 1 EL Puderzucker zum Bestäuben

Fortsetzung auf der nächsten Seite ...

ZUBEREITUNG

1 .... **Biskuit**
Backofen auf 170°C vorheizen. 2 Springformen (Ø 20 cm) mit Backpapier auslegen und Rand einfetten.

2 .... Butter und Zucker in den Mixtopf geben, **20 Sek./Stufe 4** vermischen und mit dem Spatel nach unten schieben.

3 .... **Rühraufsatz einsetzen.** Eier, Mehl, Backpulver, Natron und Vanilleextrakt zugeben, **1 Min. 30 Sek./Stufe 4** vermischen und mit dem Spatel nach unten schieben.

4 .... Dann weitere **20 Sek./Stufe 4** vermischen. **Rühraufsatz entfernen.** Teig gleichmäßig in den vorbereiteten Formen verteilen und 25-35 Minuten (170°C) backen (Stäbchenprobe machen). In dieser Zeit Mixtopf und Rühraufsatz spülen.

5 .... Biskuits 5 Minuten abkühlen lassen, aus den Springformen lösen und auf einem Kuchengitter vollständig abkühlen lassen.

Fortsetzung auf der nächsten Seite ...

Victoria–
SPONGE-CAKE

HINTERGRUND-INFORMATION

Britischer als ein Kuchen, der zu Ehren von Königin Victoria benannt wurde, geht wohl kaum, oder? Besonders wenn er mit hausgemachter Marmelade gefüllt ist, ist dieser Klassiker perfekt, um ihn mit Freund:innen zur „Teatime" zu teilen.

Victoria-
SPONGE-CAKE
(Fortsetzung)

NÜTZLICHES ZUBEHÖR

Backpapier,
2 Springformen (Ø 20 cm),
Zahnstocher oder
Holzspieß, Kuchengitter

ZUBEREITUNG

6 ············ **Füllung und Fertigstellung**
Wenn die Biskuits abgekühlt sind, einen Biskuit mit Konfitüre bestreichen.

7 ············ **Rühraufsatz einsetzen.** Sahne in den Mixtopf geben und **ohne Zeiteinstellung/Stufe 3** bis zur gewünschten Festigkeit steif schlagen. **Rühraufsatz entfernen** und die geschlagene Sahne auf der Konfitüre verteilen. Den zweiten Biskuit auf die Sahneschicht setzen, mit Beeren garnieren, mit Puderzucker bestäuben, in 10 Stücke schneiden und servieren.

AUSTRALIEN

PAVLOVA mit GEMISCHTEN BEEREN

30 MIN.

5 STD. 30 MIN.

MITTEL

12 STÜCKE

PRO STÜCK

ENERGIEWERTE 1451 KJ/345 KCAL,
EIWEISS 4 G,
KOHLENHYDRATE 43 G,
FETT 18 G

ZUTATEN

Himbeersauce
- 200 g Himbeeren,
  frisch oder TK, aufgetaut
- 100 g Zucker
- 20 g Zitronensaft

Pavlova
- 330 g Zucker
- 250 g Eiweiß
  (ca. 8 Stück),
  zimmerwarm
- 1 Prise Weinstein-
  Backpulver
- 1 TL Essig
- 1 TL Vanilleextrakt
- 2 EL Speisestärke (20 g)

Fortsetzung auf der nächsten Seite …

ZUBEREITUNG

1 — **Himbeersauce**
Himbeeren, Zucker und Zitronensaft in den Mixtopf geben, **4 Min./90°C/Stufe 4** erhitzen, umfüllen, mit Frischhaltefolie abdecken und in den Kühlschrank stellen. Mixtopf spülen.

2 — **Pavlova**
Backofen auf 150°C (Umluft) vorheizen. 2 Backbleche mit Backpapier belegen und auf jeden Bogen Backpapier 1 Kreis (Ø ca. 20 cm) zeichnen.

3 — 200 g Zucker in den Mixtopf geben, **15 Sek./Stufe 9** pulverisieren und umfüllen.

4 — 130 g Zucker in den Mixtopf geben, **15 Sek./Stufe 9** pulverisieren und zum Puderzucker umfüllen.

5 — **Rühraufsatz einsetzen.** Eiweiß und Backpulver in den Mixtopf geben und **5 Min./37°C/Stufe 3.5** aufschlagen.

6 — Dann ohne Messbecher **5 Min./37°C/Stufe 3** weiterschlagen und dabei nach und nach den Puderzucker durch die Mixtopfdeckelöffnung auf das laufende Messer zugeben.

7 — Dann ohne Messbecher **40 Sek./Stufe 3** verrühren und dabei Essig, Vanilleextrakt und Speisestärke durch die Mixtopfdeckelöffnung auf das laufende Messer zugeben. **Rühraufsatz entfernen.**

8 — Baiser mithilfe eines Löffels in den aufgezeichneten Kreisen auf dem Backpapier verteilen, 10 Minuten (150°C, Umluft) backen, Backofentemperatur auf 120°C reduzieren und 1 Stunde (120°C, Umluft) weiterbacken.

9 — Baiser im ausgeschalteten Backofen vollständig abkühlen lassen (ca. 3 Stunden). Mixtopf und Rühraufsatz spülen.

Fortsetzung auf der nächsten Seite …

2 _____

5 _____

8 _____

Rezeptvideo
ansehen:

12 _____

PAVLOVA
mit
GEMISCHTEN
BEEREN
(Fortsetzung)

ZUBEREITUNG

10 _____ **Himbeersahne und Fertigstellung**
Rühraufsatz einsetzen. Sahne in den Mixtopf geben und **ohne Zeiteinstellung/Stufe 3**
bis zur gewünschten Festigkeit steif schlagen. **Rühraufsatz entfernen.**

11 _____ Himbeeren zugeben und **10–20 Sek./Stufe 2** vermischen.

12 _____ Einen Baiserkreis auf eine Tortenplatte legen, mit der Hälfte der
Himbeersahne bestreichen, mit der Hälfte der gemischten Beeren garnieren und mit
1–2 EL Himbeersauce beträufeln. Den 2. Baiserkreis darauflegen, restliche Himbeersahne
und Beeren darauf verteilen, mit Himbeersauce beträufeln und sofort servieren.

ZUTATEN

**Himbeersahne und
Fertigstellung**
• 600 g Sahne
• 20 g Himbeeren,
  frisch oder TK, aufgetaut
  und abgetropft
• 500 g Beeren, gemischt,
  frisch

NÜTZLICHES ZUBEHÖR

Frischhaltefolie,
2 Backbleche, Backpapier

TRES
leches

30 MIN.

2 STD.

MITTEL

10 STÜCKE

PRO STÜCK

ENERGIEWERTE 1399 KJ/333 KCAL,
EIWEISS 8 G,
KOHLENHYDRATE 42 G,
FETT 15 G

MEXIKO

Variante
Du kannst im 2. Schritt 100 g
Kaffeelikör, Whisky-Sahne-Likör,
Eierlikör oder Amaretto zugeben.

ZUTATEN

- Butter zum Einfetten
- Mehl zum Bemehlen
- 200 g gezuckerte
  Kondensmilch
- 200 g Kondensmilch
- 200 g Milch

Biskuit
- 4 Eier
- 120 g Zucker
- 120 g Mehl
- 1 EL Vanilleextrakt
- 1 Prise Salz
- 1 TL Backpulver

*Fortsetzung auf der
nächsten Seite ...*

ZUBEREITUNG

1 —— Backofen auf 180°C vorheizen. Eine Springform (Ø 20–22 cm) einfetten
und bemehlen.

2 —— Gezuckerte Kondensmilch, Kondensmilch und Milch in den Mixtopf geben,
10 Sek./Stufe 3 vermischen und umfüllen.

3 —— **Biskuit**
Rühraufsatz einsetzen. Eier und Zucker in den Mixtopf geben und **3 Min./37°C/Stufe 3**
aufschlagen.

4 —— Mehl, Vanilleextrakt, Salz und Backpulver zugeben und **15 Sek./Stufe 3**
vermischen. **Rühraufsatz entfernen,** Teig in die vorbereitete Springform geben und
25–30 Minuten (180°C) backen.

Fortsetzung auf der nächsten Seite ...

7

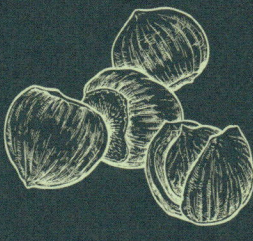

TIPP
Verziere die Torte zum Beispiel mit gehackten Nüssen, Schokoladenraspeln, Kokosraspeln oder frischen Früchten.

HINTERGRUND-INFORMATION

Tres Leches ist eine traditionelle Süßspeise aus 3 verschiedenen Milchprodukten aus Kolumbien, Mexiko, Peru, Venezuela und dem spanischsprachigen Zentralamerika.

TRES
leches
(Fortsetzung)

ZUTATEN

Sahne und Fertigstellung
• 50 g Zucker
• 500 g Sahne

NÜTZLICHES ZUBEHÖR

Springform (Ø 20–22 cm), Palette, Spritzbeutel mit Spritztülle

ZUBEREITUNG

5 Kuchen etwas abkühlen lassen, aus der Form lösen und in einen tiefen Teller legen. Den noch warmen Kuchen mit einer Gabel mehrmals einstechen und mit der Milchmischung übergießen. Kuchen 1 Stunde in den Kühlschrank stellen. In dieser Zeit Mixtopf und Rühraufsatz spülen.

6 **Sahne und Fertigstellung**
Zucker in den Mixtopf geben und **10 Sek./Stufe 10** pulverisieren.

7 **Rühraufsatz einsetzen.** Sahne in den Mixtopf geben und **ohne Zeiteinstellung/Stufe 3** bis zur gewünschten Festigkeit steif schlagen. **Rühraufsatz entfernen.** Torte mithilfe einer Palette und eines Spritzbeutels mit der Sahne verzieren, in 10 Stücke schneiden und servieren.

QUITTEN-
Tarte

ARGENTINIEN

10 MIN.

50 MIN.

MITTEL

16 STÜCKE

ENERGIEWERTE 1724 KJ/412 KCAL,
EIWEISS 3 G,
KOHLENHYDRATE 67 G,
FETT 14 G

PRO STÜCK

Variante
Ersetze Quittenpaste durch
Süßkartoffelgelee oder
Dulce de Leche.

ZUTATEN

Mürbeteig
- 200 g Butter, weich, in Stücken, und etwas mehr zum Einfetten
- 150 g Zucker
- 2 TL Zitronenschale
- 1 Ei
- 1 Eigelb
- 1 Prise Salz
- 400 g Mehl
- 1 EL Backpulver

Quittenfüllung und Fertigstellung
- 700 g Quittenpaste, in Stücken
- 70 g Süßer Wein (z. B. Portwein, Marsala)
- 1 Eiweiß zum Bestreichen

NÜTZLICHES ZUBEHÖR

Springform (Ø 28 cm), Frischhaltefolie, Nudelholz, Backpinsel

ZUBEREITUNG

1 ······ **Mürbeteig**
Backofen auf 180°C vorheizen. Eine Springform (Ø 28 cm) einfetten.

2 ······ Zucker und Zitronenschale in den Mixtopf geben und **30 Sek./Stufe 10** pulverisieren.

3 ······ Butter zugeben und **10 Sek./Stufe 5** vermischen.

4 ······ Ei, Eigelb, Salz, Mehl und Backpulver zugeben und **30 Sek./Stufe 6** vermischen, dann **Teig /2 Min.** kneten. Teig zu einer Kugel formen, in Frischhaltefolie wickeln und 10 Minuten im Kühlschrank ruhen lassen. Mixtopf spülen.

5 ······ **Quittenfüllung und Fertigstellung**
Quittenpaste und Wein in den Mixtopf geben und **2 Min./90°C/Stufe 3** schmelzen.

6 ······ ²/₃ des Teigs auf einer bemehlten Arbeitsfläche ausrollen (Ø ca. 30 cm), in die vorbereitete Springform legen und Quittenfüllung darauf verteilen.

7 ······ Restlichen Teig dünn ausrollen und 5 Minuten ins Gefrierfach legen. Teig in fingerbreite Streifen schneiden und gitterförmig auf der Quittenfüllung verteilen. Teigstreifen mit Eiweiß bestreichen, 30–40 Minuten (180°C) backen, abkühlen lassen, in 16 Stücke schneiden und servieren.

BANANA
Bread

USA

10 MIN.

1 STD. 50 MIN.

EINFACH

12 SCHEIBEN

PRO SCHEIBE

ENERGIEWERTE 1019 KJ/243 KCAL,
EIWEISS 4 G,
KOHLENHYDRATE 33 G,
FETT 10 G

ZUTATEN

- 130 g Butter, weich, in Stücken
- 340 g Bananen, in Stücken
- 140 g Zucker
- 3 Eier
- 225 g Mehl
- 2 TL Backpulver
- 1 Prise Salz
- 1 TL Natron
- 100 g Buttermilch
- 2 TL Vanilleextrakt oder Vanillezucker, selbst gemacht

NÜTZLICHES ZUBEHÖR

Kastenform
(ca. 23 x 13 cm)

ZUBEREITUNG

1 — Backofen auf 180°C vorheizen. Eine Kastenform (ca. 23 x 13 cm) einfetten.

2 — Butter, Bananen, Zucker, Eier, Mehl, Backpulver, Salz, Natron, Buttermilch und Vanilleextrakt in den Mixtopf geben und **20 Sek./Stufe 5** verrühren. Teig in die vorbereitete Kastenform geben und 50–60 Minuten (180°C) backen (Stäbchenprobe machen).

3 — Banana Bread 30 Minuten in der Form abkühlen lassen, in 12 Scheiben schneiden und warm oder kalt servieren.

TIPP
Bananenbrot kann entweder frisch oder getoastet serviert werden.

DREIKÖNIGS-
Küchlein

30 MIN.   3 STD.

MITTEL   12 STÜCK

PRO STÜCK   ENERGIEWERTE 1268 KJ/303 KCAL, EIWEISS 8 G, KOHLENHYDRATE 51 G, FETT 8 G

SPANIEN

ZUTATEN

Vorteig
- 80 g Milch
- ¼ Würfel Hefe (10 g)
- 1 TL Zucker
- 130 g Weizenmehl Type 550
- Wasser, lauwarm, zum Bedecken

Teig
- 120 g Zucker
- 1 Streifen Zitronenschale, unbehandelt (1 x 4 cm), dünn abgeschält
- 1 Streifen Orangenschale, unbehandelt (1 x 4 cm), dünn abgeschält
- 60 g Milch
- 70 g Butter, weich, in Stücken
- 2 Eier
- ½ Würfel Hefe (20 g)
- 30 g Orangenblüten-wasser (siehe Tipp)
- 450 g Weizenmehl Type 550 und etwas mehr zum Bearbeiten
- 1 Prise Salz

Fortsetzung auf der nächsten Seite …

ZUBEREITUNG

1   Vorteig

Milch, Hefe, Zucker und Mehl in den Mixtopf geben und **15 Sek./Stufe 4** vermischen. Teig zu einer Kugel formen, in eine Schüssel geben und mit warmem Wasser bedecken. Den Teig so lange gehen lassen, bis er schwimmt und sein Volumen verdoppelt hat (ca. 15 Minuten). Mixtopf spülen.

2   Teig

2 Backbleche mit Backpapier belegen.

3

Zucker, Zitronen- und Orangenschale in den Mixtopf geben, **20 Sek./Stufe 10** pulverisieren und mit dem Spatel nach unten schieben.

4

Milch, Butter, Eier, Hefe, Orangenblütenwasser, Mehl, Salz und Vorteig zugeben und **30 Sek./Stufe 6** verrühren, dann **Teig /3 Min.** kneten und 1 Stunde im Mixtopf gehen lassen.

5

Teig mit dem Spatel nach unten schieben und erneut **Teig /1 Min.** kneten. Den weichen Teig auf einer bemehlten Arbeitsfläche zu einer Kugel formen, in 12 Portionen (à ca. 100 g) teilen und zu Kugeln formen.

Fortsetzung auf der nächsten Seite …

TIPP
Statt Orangenblütenwasser kannst du auch Orangenlikör oder Rum verwenden.

Variante
Fülle die Küchlein mit Passionsfrucht-Ganache, Sahne, Pudding oder einer anderen Füllung deiner Wahl.

DREIKÖNIGS-
Küchlein
(Fortsetzung)

ZUTATEN

Fertigstellung
- 1 Ei, verquirlt
- 100–150 g kandierte Früchte, gemischt, in kleinen Stücken, nach Geschmack
- 30 g Mandeln, gehobelt
- 50 g Zucker (mit etwas Wasser befeuchtet)

NÜTZLICHES ZUBEHÖR

2 Backbleche, Backpapier, Backpinsel

ZUBEREITUNG

6 —— **Fertigstellung**
Teigkugeln wie Donuts formen, mit dem Finger ein Loch in die Mitte jeder Kugel drücken und bis auf ca. 4 cm erweitern. Teigkringel auf den vorbereiteten Backblechen verteilen, mit verquirltem Ei bestreichen und mit kandierten Früchten, gehobelten Mandeln und angefeuchtetem Zucker dekorieren. Teigkringel abdecken und erneut gehen lassen, bis sich das Volumen verdoppelt hat. In dieser Zeit Backofen auf 200°C vorheizen.

7 —— Dreikönigsküchlein nacheinander ca. 10 Minuten (200°C) backen, abkühlen lassen und servieren.

10 MIN.

25 MIN.

EINFACH

8 PORTIONEN

PRO PORTION

ENERGIEWERTE 1001 KJ/239 KCAL,
EIWEISS 7 G,
KOHLENHYDRATE 36 G,
FETT 8 G

PORTUGAL

ZUTATEN

- 1000 g Milch
- 6 Eigelb
- 200 g Zucker
- 40 g Speisestärke oder
  60 g Mehl
- 1 geh. TL Zitronenschale,
  gerieben
- brauner Zucker zum
  Bestreuen

NÜTZLICHES ZUBEHÖR

Bunsenbrenner

ZUBEREITUNG

1   Milch, Eigelb, Zucker und Speisestärke in den Mixtopf geben und **15 Sek./Stufe 3.5** verrühren.

2   Zitronenschale zugeben und **12 Min./90°C/Stufe 2.5** erwärmen. Mischung in 8 Schüsselchen umfüllen und abkühlen lassen, kurz vor dem Servieren mit braunem Zucker bestreuen, mit einem Bunsenbrenner karamellisieren und sofort servieren.

TIPP
Du kannst die Crème noch mit
Zimt bestreuen oder mit frischem
Obst garnieren.

PORTUGIESISCHE
Crème brûlée

Kaiserschmarrn

30 MIN. 35 MIN.

EINFACH 4 PORTIONEN

ENERGIEWERTE 1755 KJ/419 KCAL,
EIWEISS 13 G,
KOHLENHYDRATE 52 G,
FETT 17 G

PRO PORTION

ÖSTERREICH

TIPP
Die angegebene Menge reicht
als Hauptspeise für zwei
Personen oder als Nachspeise
für vier Personen.

ZUTATEN

- 5 Eier, getrennt
- 1 Prise Salz
- 150 g Milch
- 60 g Zucker
- 120 g Mehl
- 1 TL Vanillezucker, selbst gemacht
- 2 TL Zitronenschale, gerieben
- 2 EL Butter oder Butterschmalz
- 2 EL Rosinen
- 2 EL Puderzucker, zum Bestreuen

NÜTZLICHES ZUBEHÖR

Bratpfanne,
kleine Auflaufform
(ca. 25 x 17 cm),
Pfannenwender

ZUBEREITUNG

1 ——— Backofen auf 180°C vorheizen.

2 ——— **Rühraufsatz einsetzen**. Eiweiß und Salz in den Mixtopf geben und ohne Messbecher **6 Min./Stufe 3.5** steif schlagen. **Rühraufsatz entfernen** und Eischnee in eine Schüssel umfüllen.

3 ——— Milch, Zucker, Mehl, Vanillezucker und Zitronenschale in den Mixtopf geben und ohne Messbecher **30 Sek./Stufe 4** mischen, dabei nach und nach das Eigelb durch die Deckelöffnung auf das laufende Messer zugeben.

4 ——— Eischnee zugeben und **30 Sek./Stufe 3** unterheben.

5 ——— Butter in einer backofenfesten Pfanne auf dem Herd erhitzen, Teig einfließen lassen, mit Rosinen bestreuen und bei mittlerer Hitze ca. 3 Minuten goldbraun backen. Teig in vier Teile teilen, wenden, auf der zweiten Seite backen und 5 Minuten im Backofen (180°C) fertigbacken. Kaiserschmarrn mit zwei Gabeln in kleine Stücke reißen, mit Puderzucker bestreuen und servieren.

5

Variante
Rosinen über Nacht in Rum
einweichen und vor dem
Zugeben abtropfen lassen.

✳ TIPPS

- Verwende unbedingt eine backofenfeste Bratpfanne. Viele Kunststoffgriffe halten Temperaturen über 85°C nicht aus. Manche Pfannen haben abnehmbare Griffe. Wenn du dir nicht sicher bist, ob deine Bratpfanne backofenfest ist, dann fülle den angebackenen Kaiserschmarrn in eine Auflaufform um, die du beim Vorheizen in den Backofen stellst.
- Serviere Apfelmus, Kompott, Zwetschken- oder Marillenröster zum Kaiserschmarrn.

- Im Winter eignet sich auch Röster aus Trockenobst als Beilage. Dazu 75 g Trockenobst (Marillen, Zwetschken, Feigen, Cranberrys ...) mit einer Tasse Orangensaft, einer Zimtstange, drei Nelken und einem Schuss Rotwein zum Kochen bringen und 8 Minuten köcheln lassen. Nach Belieben mit Honig süßen.

HINTERGRUND-INFORMATION

Kaiserschmarrn ist ein Klassiker und zählt zu den bekanntesten Süßspeisen der österreichischen Küche. Der Name geht auf Kaiser Franz Joseph I. zurück, der diese Nachspeise zu schätzen wusste.

DER GESCHMACK DER
JAHRZEHNTE

Die 20 er

Beste Freunde.

Seit dem letzten Jahrzehnt bestimmen die sozialen Medien unser Leben. Wir teilen alles – wo wir sind, wo wir unseren Urlaub verbringen, was wir essen, wie wir essen und wie wir es zubereiten. Wir teilen unser Leben. Mit unseren Freund:innen und oft auch mit allen anderen, ob bewusst oder unbewusst. Thermomix® bringt Menschen zusammen und schafft neue Freundschaften. Über die sozialen Medien, in der Küche oder in Form des neuen „besten Freundes" – dem Thermomix Friend®. Jeder braucht Freund:innen. Damals. Heute. Für immer.

2020/2021
THERMOMIX FRIEND®

Impressum.

Projektmanagement Vorwerk International
Edith Pouchard, Wollerau, Schweiz

Vice President Digital
Ramona Wehlig, Vorwerk International

Team Vorwerk International
Margarida Ferrador, Head of Recipe Business
Astrid Carver-Courcier, Recipe Multimedia Manager
Bastiaan Visser, Recipe Coordinator International
Distributors
Isabel Padinha, Director Direct Sales Excellence
Ana Mateescu, Senior Brand Marketing Manager
Laura Maurel, Data Scientist, Insight Engine

Leitung Produktmarketing Thermomix® Deutschland
Vera Feller, Wuppertal, Deutschland

Projektmanagement Vorwerk Deutschland
Nathalie Eydorf, Teamleitung Thermomix®
Printprodukte und Rezeptentwicklung, Wuppertal,
Deutschland

Rezeptentwicklung
Andrea Aloe, Katarzyna Sykalo, Phuong Nguyen,
Britta Arnold und Mari-Bel Giorno,
Vorwerk International
Isaac Ramos, Miriam Aguirre, Cristina Vela und
Paz Ortego, Vorwerk Spanien
Isabelle Philion, Amédé Vicet und Pauline Brunet,
Vorwerk Frankreich
Joana Alvim und Rita Botas, Vorwerk Portugal
Katarzyna Sieradz, Martyna Sobka und Agata Kubica,
Vorwerk Polen
Monica Zago und Andrea Liuzzo, Vorwerk Italien
Pia Naumann und Wiebke Ott, Vorwerk Deutschland
Renáta Koštýřová und Kateřina Krásná,
Vorwerk Tschechien
Monika Hemala-Wokurek und Marlene Wallnberger,
Vorwerk Österreich
Teresa Peng und Jules Domanski, Vorwerk UK
Catherine Ruedisueli und Nadja Grüter, Vorwerk Schweiz
Onur Işıl, Vorwerk Türkei
Jennifer Black und Aline Martin, Vorwerk USA & Canada
Yuki Aguilar und Alex Luna, Vorwerk Mexico
Bonnie Hung und Nicole Lin, Vorwerk Taiwan

Ada Shen, Edison Jiao, Michael Hu und Lynn Yang,
Vorwerk China
Ana María Schuler und Elisa Undurraga,
Inversiones y asesorías FEMA LTDA, Chile
Lau Bee Lee und Mary Then,
True Mix Sdn. Bhd., Malaysia
Maria Evans, Eminentia Trading Ltd, Zypern
Deborah Mason und Kristyn Riccadonna,
The Mix Australia and New Zealand, Australien
Jelena Andreeva und Julia Demina,
Holding Leader Spb, Kasachstan
Bárbara Cantillana Cortés und Alejandro Terrizzano,
THAR S.A, Argentinien

Rezept-Fotografie und Foodstyling
L.M.Y. Studio, Taipei, Taiwan (S. 22)
Małgorzata Kujda, Kłodzko, Polen (S. 24, 102, 176, 182)
Anatoly Vasiliev, St. Petersburg, Russland (S. 26, 49)
Dennis Savini, Zürich, Schweiz
(S. 28, 32, 46, 64, 78, 81, 111, 112)
Mesut Erdoğan, Türkei (S. 30)
Marie Sjoberg, Barcelona, Spanien (S. 40, 42, 43)
Silvio Posada und Fernando Merino,
Spanien (S. 44, 202, 205)
Edizioni 2.0, Liscate, Italien (S. 58)
Diana Moschitz, Vorwerk International (S. 60, 63, 184)
Sammie Tan, Kuala Lumpur, Malaysia (S. 66, 69, 86, 89)
D3 Studio, Nantes, Frankreich (S. 84)
Loli Clement, Buenos Aires, Argentinien (S. 90, 198)
Alex Vera, FotoGastronómica, Mexico City, Mexico
(S. 92, 126, 129)
Craig Kinder, f22 Photography, Perth, West-Australien
(S. 94, 97, 98, 190, 193)
Renee Anjanette Kalmar (Foto) und Sienna Degovia
(Styling), Los Angeles, California, USA (S. 104)
Foodlosophy, Shanghai, China (S. 106, 175)
Joanna Michaelides, Nicosia, Zypern (S. 108, 144)
António Nascimento (Foto) und Ana Trancoso (Styling),
Lissabon, Portugal (S. 130, 207)
Jiří Poláček jr. (Foto) und Blanka Poláčková (Styling),
Prag, Tschechien (S. 136)
Stefan Schulte Ladbeck (Foto) und Christa Schraa
(Styling), Essen, Deutschland (S. 139)
Eising Studio, München, Deutschland (S. 168)
Luzia Ellert (Foto) und Gabriele Halper (Styling),
Wien, Österreich (S. 141, 142, 208, 211)

Claudio Vera O., Santiago, Chile (S. 154, 179)
Cristian Barnett, England (S.166, 187, 188)
Hsiao Wei Kang, L.M.A studio (S. 170)
Tayfun Rapayazdic (Foto) und **Zeynep Ağaoğulları**
(Styling), Istanbul, Türkei (S. 172)
Gastrosofia, GASTROFÍA, Mexico City,
Mexico (S. 194, 197)

Fotografie Editorialseiten
Anna Schramek-Schneider, Zürich, Schweiz (S. 16)
Maria Castagna, Vorwerk International (S. 18, 122, 123)
Adobe Stock: Manuel Fernandes (S. 12),
Antonioguillem (S. 133), **Nikola** (S. 134)
gettyimages: Thomas Barwick (S. 4, 13, 20/21),
Lisa Romerein (S. 14), **Larry Washburn** (S. 15),
Yagi Studio (S. 16/17,18), **Andrew Magill** (S. 35),
Mike Harrington (S. 37), **imageBROKER/Mara Brandl**
(S. 39), **Westend61** (S. 53, 163), **Frédéric Soltan** (S. 34),
Jenny Dettrick (S. 54), **Diana Sklarova** (S. 55),
Walter B. McKenzie (S. 56), **Richard Bailey** (S. 71, 77),
Mint Images (S. 73), **sorayut yookham/EyeEm** (S. 82),
alvarez (S. 160), **Stefania Pelfini, La Waziya Photography**
(S. 161), **Roberto Moiola/Sysaworld** (S. 161),
noonika (S. 164), **Jayson_lys** (S. 165)

Rezeptvideos (S. 44, 170, 185, 192)
Maria Castagna (Videografie) und **Phuong Nguyen**
(Model), Vorwerk International

Editorialteam
Jasmine Baumann, Editorial content coordinator,
Vorwerk International
Lara Soler, Recipe managing editor,
Vorwerk International
Maria Llata, Editorial content manager,
Vorwerk International
heureka GmbH – einfach kommunizieren,
Essen, Germany

Redaktion extern
Catarina Passos, Texterin, Vorwerk Portugal

Nährwertberechnung
Vorwerk International

Lektorat
Martinez-Haas Kommunikationsberatung,
Haan, Deutschland

Konzept/Design
Layout/Satz
heureka GmbH – einfach kommunizieren,
Essen, Deutschland

Druck
Mohn Media Mohndruck GmbH, Gütersloh, Germany
Limitierte Auflage, Juli 2021
ID 2021 07 27119 (VT)
ID 2021 07 26560 (VI) Int. DE-de
ID 2021 07 27004 (VI) Int. DE-de (SV)

Herausgeber
Vorwerk International & Co. KmG
Verenastrasse 39
CH-8832 Wollerau, Schweiz
https://thermomix.vorwerk.com/thermomix/

ISBN: 978-3-03844-340-7

Marken
Vorwerk®, Thermomix®, TM5®, TM6®, Varoma®,
Cook-Key®, Thermomix Friend® und Cookidoo® sind
eingetragene Marken der Vorwerk Gruppe. Alle Rechte
aus diesen Marken stehen der Markeninhaberin zu.

Kontakt Kundenservice
Telefon: +49 (0)202 564 3000
E-Mail: kundenservice@vorwerk.de

Folge uns auch auf
thermomix_de
Thermomix® Deutschland
Einfach Thermomix®
Thermomix® Deutschland

Limitierte Auflage Nr. *70.737 / 73.845*